全国职业培训推荐教材
人力资源和社会保障部教材办公室评审通过
适合于职业技能短期培训使用

管道工基本技能

（第二版）

中国劳动社会保障出版社

图书在版编目(CIP)数据

管道工基本技能/杨永峰,邹劲松主编 .—2 版 .—北京：中国劳动社会保障出版社，2016

ISBN 978-7-5167-2179-7

Ⅰ.①管… Ⅱ.①杨… ②邹… Ⅲ.①管道施工-基本知识 Ⅳ.①TU81

中国版本图书馆 CIP 数据核字(2016)第 033238 号

中国劳动社会保障出版社出版发行

(北京市惠新东街 1 号 邮政编码：100029)

*

中国标准出版社秦皇岛印刷厂印刷装订 新华书店经销

850 毫米×1168 毫米 32 开本 5.5 印张 141 千字

2016 年 3 月第 2 版 2021 年 1 月第 5 次印刷

定价：12.00 元

读者服务部电话：(010) 64929211/84209101/64921644

营销中心电话：(010) 64962347

出版社网址：http://www.class.com.cn

前言

职业技能培训是提高劳动者知识与技能水平、增强劳动者就业能力的有效措施。职业技能短期培训，能够在短期内使受培训者掌握一门技能，达到上岗要求，顺利实现就业。

为了适应开展职业技能短期培训的需要，促进短期培训向规范化发展，提高培训质量，中国劳动社会保障出版社组织编写了职业技能短期培训系列教材，涉及二产和三产百余种职业（工种）。在组织编写教材的过程中，以相应职业（工种）的国家职业标准和岗位要求为依据，并力求使教材具有以下特点：

短。教材适合 15～30 天的短期培训，在较短的时间内，让受培训者掌握一种技能，从而实现就业。

薄。教材厚度薄，字数一般在 10 万字左右。教材中只讲述必要的知识和技能，不详细介绍有关的理论，避免多而全，强调有用和实用，从而将最有效的技能传授给受培训者。

易。内容通俗，图文并茂，容易学习和掌握。教材以技能操作和技能培养为主线，用图文相结合的方式，通过实例，一步步地介绍各项操作技能，便于学习、理解和对照操作。

这套教材适合于各级各类职业学校、职业培训机构在开展职业技能短期培训时使用。欢迎职业学校、培训机构和读者对教材中存在的不足之处提出宝贵意见和建议。

人力资源和社会保障部教材办公室

简介

本书主要内容包括：岗位认知、建筑构造基本知识与水暖工程识图，管道的连接与预制加工，管道及仪表附件的安装，管道的试压、防腐及保温，安全生产与文明施工。通过本书的学习，培训学员能够从事管道工岗位的基本工作。

本书在编写过程按照行动导向的职业培训理念，围绕管道工的工作内容来构建教材结构，首先介绍了有关就管道工的入职准备、劳动保护以及识图知识，根据工作任务需要补充相应的理论知识，使学员形成对具体管道工作的完整认识，然后针对水暖工程进行了讲解，最后详细介绍了安全生产与文明施工。本书不仅适合各类培训机构开展短期培训使用，也可供管道工从业人员进行自学与参考。

本书由杨永峰、邹劲松主编，程磊参与编写，常莲主审。

目录

第一单元　岗 位 认 知

模块一　管道工入职准备

一、管道工的工作内容

管道工是使用机具，进行管道工程安装、调试、维修和管网系统测试的职业工种。

管道工的主要工作范围包括：安装一般的冷热水管、排水管、燃气管、卫生器具、采暖管道和组装暖气片及进行水压试验，简单焊制弯头、三通的放样、制作及管子煨弯、管道调直，安装疏水器、注水器、油水分离器等管道附件，简单的工业管道安装、设备配管与组对，以及吊架、支架、卡架的制作安装。

本书主要介绍管道工应掌握的常用施工技术、安全生产以及文明施工的相关知识。

二、管道工的职业要求

1. 培养质量意识

建筑产品的特点之一是使用寿命长，一般在一百年左右，它是人类社会生活和从事各项生产活动最基本的条件之一。因此，建筑产品的质量优劣有着特别重要的意义，它直接关系到产品的适应性及能否实现产品功能，关系到人民生命财产的安全和社会安定，关系到国家经济建设的速度和效益。故应坚持“百年大计，质量第一”，精心设计、精心施工，严把工程质量关，不合格的工程不交付使用。

2. 培养安全意识

建筑行业施工生产的露天性、高空性、地下性、手工性对建筑生产的安全形成威胁，不仅给建筑生产管理造成了一定困难，阻碍了建筑生产能力的发挥，而且也给工人带来了不安全的因素。所以，在建筑施工的全过程中，每一个环节、每一个方面都要注意安全，把安全摆在头等重要的位置，认真贯彻“安全第一、预防为主”的方针，加强安全管理，做到安全生产。

3. 职业技能要求

初级管道工应当具备识读管道施工图的基本能力，熟悉常用管材、附件、器具等的名称、种类、规格及用途，熟悉常用工具的使用及维护方法，能进行弯头、三通等管件的展开计算，掌握一般设备配管的操作工艺知识、试压方法，掌握管道工程的防腐、保温知识，一般管子热煨弯的基本知识，了解本职业安全技术操作规程、施工验收规范及质量评定标准。

三、建筑行业的职业道德

根据建筑行业的特点，树立为人民服务的道德观，献身建筑行业，认真履行行业职责，工程建设做到优质、守信、使用户满意，这是建筑行业的基本职业道德准则。具体要求包括以下几个方面：

1. 坚持“百年大计，质量第一”，精心设计、精心施工，严把工程质量关，不合格的工程不交付使用。

2. 信守合同，维护企业信誉，严格按合同要求组织设计和施工，不拖工期，不留尾巴，做到“工完场地清”。

3. 文明施工，安全生产，做到物料堆放整齐，珍惜一砖一木，不浪费原材料和能源，现场设置施工牌，接受群众监督。

4. 做好环境保护，施工不扰民，不乱排污水，不乱倒脏土，不乱扔废弃物。夜间施工严格控制噪声，道路及管沟开挖尽量不影响交通。

5. 主动回访保修，所有竣工工程都要严格按照保修条例回访保修，不推诿，不扯皮。

四、建筑业职工文明守则（八要八不准）

1. 八要

要热爱祖国，爱岗敬业，忠于职守，振兴企业；

要团结友爱，助人为乐，言语文明，自尊自重；
要遵纪守法，维护公德，诚实守信，优质服务；
要精心操作，严格规程，安全生产，保证质量；
要尊师爱徒，勤学苦练，同心奋进，敢于争先；
要讲究卫生，净化环境，文明施工，工完场清；
要提倡节俭，勤俭持家，努力增产，厉行节约；
要心想用户，礼貌待人，保护财产，爱护公物。

2. 八不准

不准偷工减料，影响质量；
不准违章作业，忽视安全；
不准野蛮施工，噪声扰民；
不准乱堆乱扔，影响质量；
不准遗撒渣土，污染环境；
不准乱写乱画，损坏环境；
不准粗言秽语，打架斗殴；
不准违反交规，妨碍秩序。

现在，我国许多地方的建筑行业主管部门和企业，也积极地提出“建立文明工地”，即要求各个工地施工组织科学、施工程序合理、施工人员遵章守纪，施工现场安全管理与防护等达到优良等级，现场整洁卫生等。这样不仅提高了企业的信誉与竞争力，也增加了企业与施工人员的经济效益。所以，职业道德不是一个空洞的东西，而具有很实际、很具体的内容。

模块二　建筑施工劳动保护

一、劳动保护的概念及重要性

劳动保护是国家为了保护劳动者在劳动过程中的安全与健康，在改善劳动条件、预防工伤事故和职业危害、实现劳逸结合，以及加强女职工保护方面所采取的各种组织措施和技术措施的总称。

1. 劳动保护的目的

(1) 减少或杜绝工伤事故和职业病的发生。

(2) 保障劳动者的安全与健康。

(3) 保证企业安全生产，提高效益。

2. 建筑业劳动保护的重要性

从建筑业的特点可以明显地看出，建筑业包含着多种不安全因素，这些不安全因素的存在，给建筑业的劳动保护工作提出了大量的、普遍的难题，使劳动保护工作更加繁重和困难。

从建筑业近几年工伤事故发生的情况分析，安全隐患大多存在于高空作业、交叉作业、垂直运输及电动工具触电等方面。每年发生在这四个方面的事故占事故总数的70%以上，其中高空坠落占50%以上。消除这四个方面的安全隐患，采取可靠的劳动保护措施避免或减少伤亡事故的发生，是从事建筑业劳动保护工作的人员亟待研究、解决的课题。

尤其，随着建筑业的改革和建筑市场的开放，各地的建筑安装工程实行总包、分包、联营的单位越来越多，大量的农民工涌进城市，因管理工作跟不上，安全方面存在的问题越来越多，伤亡事故有上升的趋势。据统计，在死亡事故中，临时工的比例占总人数的一半以上。建筑业近几年的伤亡事故仅次于煤炭业，在全国居第二位，这必须引起全行业的深思和警惕。

二、劳动保护的指导方针

劳动保护工作的指导方针是“安全第一，预防为主”。

1. 安全第一

“安全第一”包含的主要内容是：

(1) 确立保护人的安全和健康是第一位的原则，尽最大努力避免人员伤亡和职业病的发生。

(2) 劳动者在各自的工作岗位上把贯彻安全生产法规摆在第一位，决不做有损安全生产的事情。

(3) 当生产任务同安全发生矛盾时，坚决贯彻“生产服从安全”的原则，排除不安全因素后再进行生产。

（4）把安全生产工作作为企业考核的一项重要内容。

（5）进行新建、扩建、改建工程时，确保安全设施的投入，保证安全设施与工程项目同时设计、同时施工、同时投产。

2. 预防为主

“预防为主”包含的主要内容是：

（1）对事故的预防。

（2）对职业危害的预防。

三、个人劳动保护用品

正确选择和穿戴个人劳动保护用品，是杜绝安全事故的有效措施之一。

1. 安全帽

安全帽由帽壳、帽衬、下颌带三部分组成，如图 1—1 所示。应选用质量合格的安全帽，其帽衬顶端与帽壳内顶面必须保持（25～50）mm 的垂直距离。有了这个空间，才能有效地吸收冲击能量，使冲击力分布在头盖骨的整个面积上，减轻对头部的伤害。

图 1—1　正确佩戴安全帽

大量事实证明，戴好安全帽可以有效地降低施工现场的事故发生频率，有很多事故都是因为进入施工现场的人员不佩戴安全帽或不正确佩戴安全帽而引起的。正确佩戴安全帽的方法是：

（1）必须系好安全帽下颌带，戴紧安全帽。

（2）安全帽必须戴正。

此外，要定期检查安全帽，确保其完好、无破裂。

2. 安全带

国家规定，2 m 以上的悬空作业必须使用安全带。安全带必须经过静负荷试验和冲击试验，确认合格以后方可使用。

（1）安全带必须有产品检验合格证，否则不得使用。安全带使用 2 年后应抽检 1 次，若冲击试验合格，该批安全带可以继续使用。安全带的使用期为 3～5 年，平时对使用频繁的安全带要经常做外观检查，发现异常情况应提前报废。

(2) 安全带使用时应高挂低用，如图 1—2 所示，注意防止摆动和碰撞。若安全带低挂高用，一旦发生坠落，将增加其冲击力，增加坠落危险。安全绳的长度应控制在（1.2～2）m，使用 3 m 以上的长绳时应加缓冲器。不准将绳打结使用，也不准将挂钩直接挂在安全绳上使用，挂钩应挂在连接环上。安全带上的各种部件不得任意拆掉。

图 1—2　安全带使用示意图

3. 其他个人防护用品

建筑工地上除经常使用安全帽、安全带等个人防护用品外，还有保护眼睛和面部的护目镜和防护面罩、防触电的绝缘手套和绝缘鞋、防尘的自吸过滤式口罩，如图 1—3 所示。

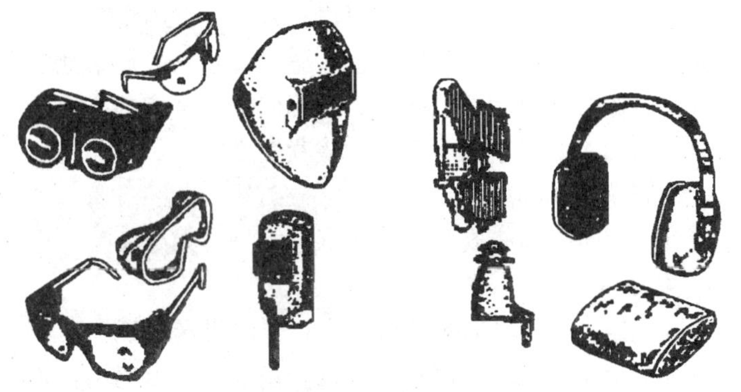

图 1—3　安全防护用品

四、安全色和安全标志

1. 安全色

安全色是表达“禁止”“警告”“指令”和“指示”等安全信息的颜色，必须引人注目和易辨认。我国的国家标准《安全色》(GB 2893—2008) 规定采用红、黄、蓝、绿四种颜色，其含义和用途见表 1—1。

表 1—1　　安全色的含义和用途

颜色	含义	用途举例
红色	禁止　危险 停止　消防设备设施	禁止标志 停止信号：机器、车辆上的紧急停止手柄或按钮 禁止人员触动的部位等
蓝色	指令 必须遵守的规定	指令标志：如必须佩戴个人防护用具，道路上指引车辆和行人行驶方向的指令等
黄色	警告 注意	警告标志 警戒标志：如厂内危险机器和坑池周围的警戒线、行车中心线等
绿色	提示 安全状态 通行	提示标志：车间内的安全通道，行人和车辆通行标志，消防设备和其他安全保护设备的位置等

2. 安全标志

安全标志由安全色、几何图形和符号构成。设置的目的是引起人们对不安全因素、不安全环境的注意，预防事故发生。在国家标准《安全标志》(GB 2894—2008) 中，共规定了四大类(即禁止、警告、指示和指令) 共 103 个安全标志 (见表 1—2)。常见的安全标志如图 1—4 所示。

表 1—2　　　　　　　　　　安全标志

图形	含义	图形	含义
	禁止		指令
	警告		提示

禁止吸烟
No smoking

禁止烟火
No burning

禁止合闸
No switching on

禁止乘人
No riding

禁止停留
No stopping

禁止通行
No throughfare

注意安全
Warning danger

当心火灾
Warning fire

当心爆炸
Warning explosion

当心中毒
Warning poisoning

当心触电
Warning electric shock

当心坑洞
Warning hole

必须戴防护眼镜
Must wear protective goggles

必须戴防尘口罩
Must wear dustproof mask

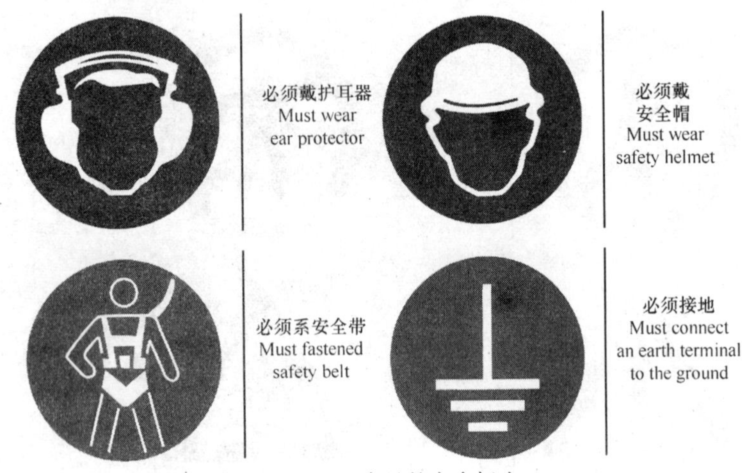

图 1—4　常见的安全标志

五、安全生产责任制

安全生产责任制是企业各级领导、职能部门、工程技术人员、岗位操作人员在劳动生产过程中层层承担安全责任的一种制度。它是企业岗位责任制的一个重要组成部分，也是企业劳动保护管理的核心。

安全生产责任制是企业“安全第一，预防为主”方针的具体体现。它是企业实现安全工作综合治理、齐抓共管的依据，使安全工作层层有人负责，事事有人管理，满足“横向到边，纵向到底”的责任落实要求。

1. 认真学习、严格执行安全技术操作规程，严格遵守安全生产规章制度。

2. 积极参加安全活动，认真执行安全交底，不违章作业，服从安全人员的监督指导。

3. 发扬团结友爱的精神，在安全生产方面做到互相帮助、互相监督，对新工人要积极传授安全生产知识，维护安全设施和防护用具，做到正确使用、不随意拆改。

4. 对不安全作业要积极提出意见，并有权拒绝违章指令。

5. 发生伤亡和未遂事故时，保护现场并立即上报。

第二单元 建筑构造基本知识与水暖工程识图

模块一 建筑构造及图例识读

一、建筑施工图的识读

房屋施工图是用于指导施工的一套图样，它由建筑施工图、结构施工图和设备施工图三部分组成。

建筑施工图是建筑工程的语言，是表达建筑物的构配件组成、平面布局、外形轮廓、装饰装修尺寸、结构构造和材料做法的工程图样。建筑从业人员按照图样上各种线条组合和标注的几何尺寸，通过投影和转换，最终能形成工程实物，完成具有独立功能和使用价值的最终建筑产品。

要看懂房屋施工图的内容，必须做好以下准备工作：要通过生产实践了解工业和民用建筑的组成和基本构造情况，要熟识施工图中常用图例、符号、线型、尺寸和比例的意义。

一套房屋建筑图样，简单的有几张，复杂的有十几张、几十张，甚至几百张。在一般的施工图样中，往往有一张首页图，在这张图中列出了全套图样的目录（包括图名及图样编号，如建施1、建施2、……，结施1、结施2、……）、统一的构造设计说明和有关的建筑经济指标等。读图时先看首页图，便于查阅图样，并能对该房屋有概略的了解。如果没有首页图，可先将全套图样翻阅一遍，了解这套图样分多少类别，每类有几张，各张是什么内容。然后，逐张阅读建施、结施和设施施工图。在看建施时，先看总平面图，了解该房屋所在位置及其周围的环境情况，再看平面图、立面图、剖面图及详图。

1. 建筑平面图

（1）建筑平面图的形成和作用。假想用一个水平剖切平面沿房屋的门窗洞口（窗台上侧）把房屋切开，移去上部画出下面部分的水平剖面图，在建筑图中称为平面图。一般来说，房屋有几层，就应画出几个平面图。沿底层门窗洞口切开所得的平面图称为底层平面图或首层平面图；最上一层的平面图称为顶层平面图；中间各层如果房间布局完全一样，可画一张标准层平面图代表中间各层平面图。此外，还有屋面平面图，即房屋顶面的水平投影。

建筑平面图主要用来表示房屋的平面形状和尺寸、内部功能的分割、房间的尺寸、楼梯和门窗的位置和尺寸、墙厚等。在施工过程中，放线、砌筑墙体、安装门窗以及编制预算等都要用到建筑平面图。如图 2—1a 所示是一幢学生宿舍楼的底层平面图，该图除表示了内部情况外，还反映出室外的台阶、花池、散水和雨水管的形状和位置。如图 2—1b 所示是该学生宿舍楼的二层平面图。

（2）建筑平面图的内容

1）图例。由于房屋的绘图比例较小，所以在平面图中对房屋的建筑配件（如门窗、楼梯、烟道、通风道等）和卫生设备（如洗脸盆、炉灶、大便器等）等都不能按真实投影画出，而用标准中规定的图例表示。

2）定位轴线及编号。定位轴线是标定墙、柱和屋架等承重构件位置的，是施工放线、测量定位的依据。

在房屋施工图中，承重墙、柱都注有定位轴线并进行了编号。横向墙、柱轴线，按水平方向从左至右用阿拉伯数字 1、2、3 等依次编号；纵向墙、柱轴线按垂直方向由下向上用拉丁字母 A、B、C 等依次编号。

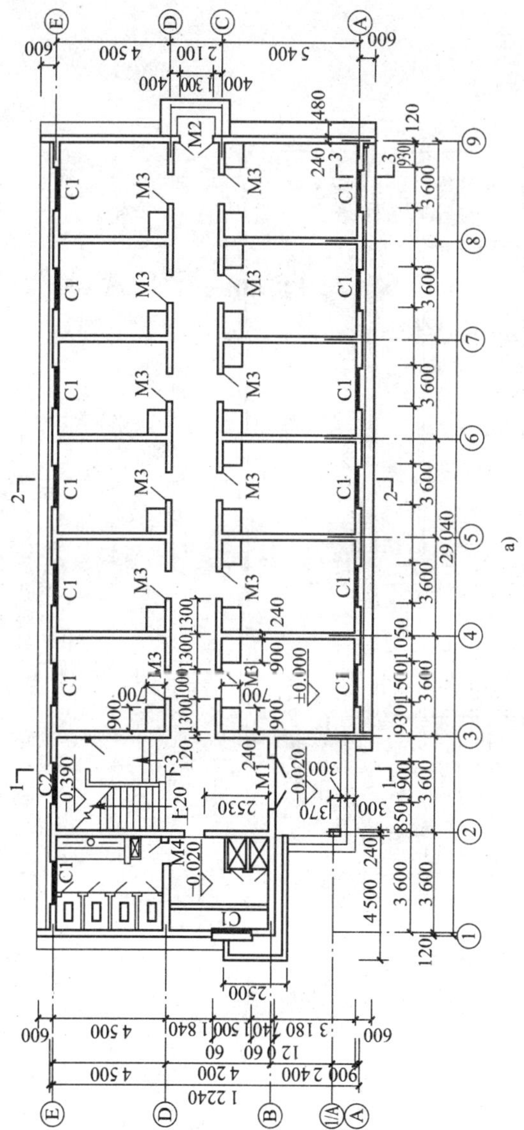

a)

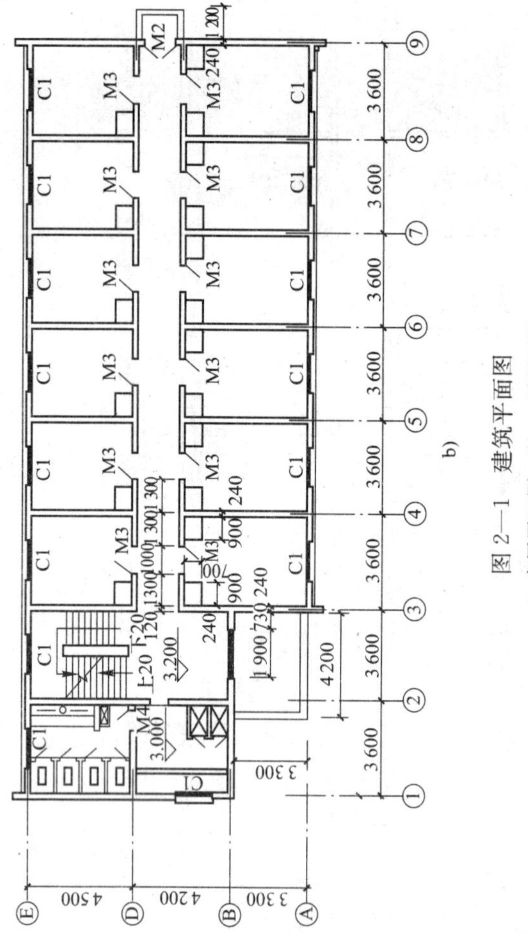

b)

图 2—1　建筑平面图

a）底层平面图　b）二层平面图

在两条轴线之间如有附加轴线，编号用分数表示。图 2—2 中的 1/2、1/B，其中分母表示前一轴线的编号，分子表示附加轴线的编号。

定位轴线在墙、柱中的位置与墙厚及其上部搁置的梁板支承长度有关。在砖墙承重的民用建筑中，楼板在墙上的支承长度一般为 120 mm，所以外墙的定位轴线距墙内皮 120 mm，如图 2—3 所示，当墙厚为一砖半（俗称三七墙）时，其轴线与墙皮的尺寸关系为内 120 mm、外 250 mm；当墙厚为二砖（俗称四九墙）时，其轴线与墙皮的尺寸关系为内 120 mm、外 370 mm；由于内承重墙一般为一砖厚（俗称二四墙），所以定位轴线居中。非承重的隔墙也有轴线，但可以不编号。

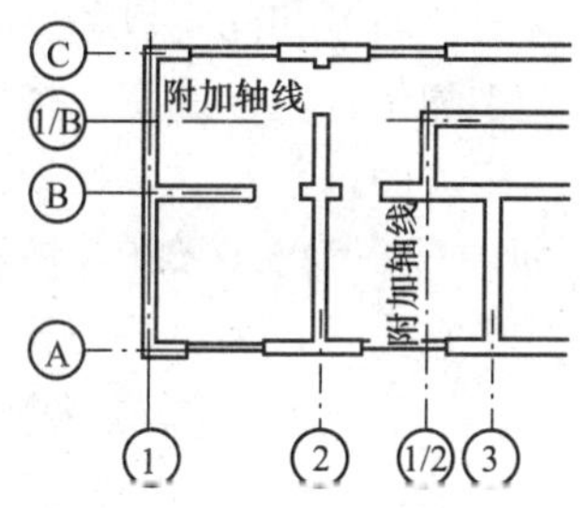

图 2—2　附加定位轴线的编号

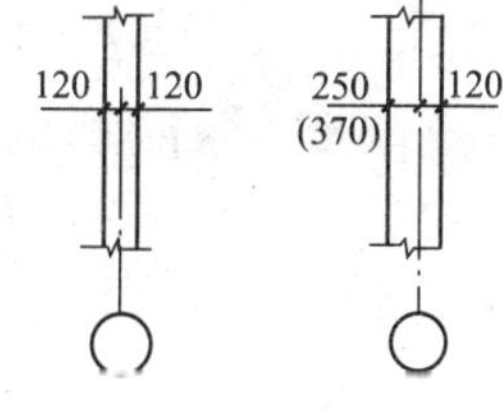

图 2—3　定位轴线与墙厚的关系

3）尺寸标注。需要说明的是，在施工图中除标高以 m 为单位外，其余全部以 mm 为单位。图中注有外部和内部尺寸，从各尺寸标注可以了解各房间的开间、进深、门窗及室内设备的大小和位置。

①外部尺寸。为便于读图和施工，一般在图形的下方及左侧注写三道尺寸。

a. 第一道尺寸表示外轮廓的总尺寸，即指从一端外墙边到另一端外墙边的总长和总宽。如图 2—1a 所示，总长为 29 040 mm，总宽为 12 240 mm。

b. 第二道尺寸表示轴线间的距离，用以说明房间的开间及进深的尺寸。横向轴线间的尺寸称为开间尺寸，如图 2—1a 中房间的开间尺寸 3 600 mm；纵向轴线间的尺寸称为进深尺寸，如图 2—1a 中南面房间的进深尺寸是 5 400 mm，北面房间的进深尺寸是 4 500 mm。

c. 第三道尺寸表示各细部的位置及大小，如门窗洞宽和位置、柱的大小和位置等。标注这道尺寸时，应与轴线联系起来，如图 2—1a 所示，房间的窗 C1 宽度为 1 500 mm，窗边距轴线1 050 mm。

另外，台阶（或坡道）、花池及散水等部位的尺寸需单独标注。如果房屋前后或左右不对称，平面图上四边都注写三道尺寸；如有些部分相同，另一些部分不同，只注写不同部分的尺寸。

②内部尺寸。为了说明室内的门窗洞、墙厚和固定设备（如厕所、盥洗室、工作台、搁板等）的大小和位置，以及室内楼地面的高度，要在平面图上清楚地注写出有关的内部尺寸和楼地面相对标高。相对标高就是假定底层地面的标高为±0.000，注写出各层楼面相对于底层地面的高度，高于它为正，但不注写符号“+”；低于它为负，要注写符号“－”。标高的尺寸单位为 m，注写到小数点后三位数字。如图 2—1a 所示，盥洗室地面标高是－0.020，即表示该处地面比房间地面低 20 mm。

4）门窗编号。在平面图中，门窗按规定图例画出。为了区别门窗的类型和便于统计，应在门窗洞口旁进行编号，然后根据编号单独列出门窗统计表。

2. 建筑详图

在平面图、立面图、剖面图中，由于采用的比例较小，许多细部构造、尺寸、材料、做法等不可能表达清楚。为了满足施工的需要，必须有建筑详图。

建筑详图可能是平面图、立面图、剖面图中某一局部的放大，或者是某一部位的局部放大剖面图，也可能是某一建筑节点或某一构件的单独放大图。

为了便于查找图样中某一部位的详图，标准中规定采用索引符号与详图符号。具体方法是：在图样中需另画详图的部位用索引符号索引，在索引出的详图下侧画上详图符号。

（1）索引符号。如图 2—4 所示是索引符号，圆圈直径为 10 mm，用细实线画，过其中心画一水平细线，在其中用阿拉伯数字按下列规定进行编号。

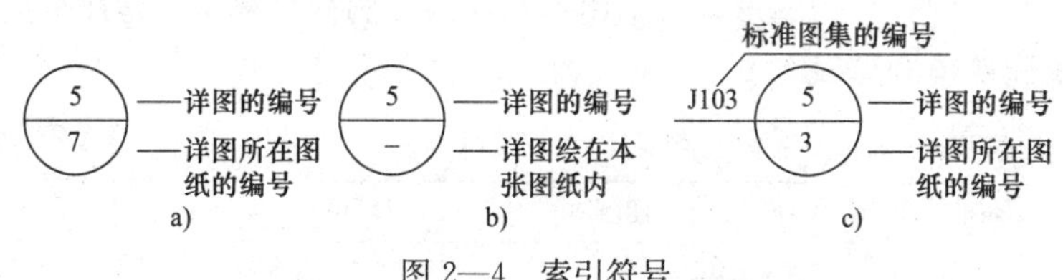

图 2—4　索引符号

a）索引出的详图与被索引的图样不在同一张图纸内

b）索引出的详图与被索引的图样在同一张图纸内

c）索引出的详图采用标准图

1）索引出的详图如与被索引的图样不在同一张图纸内，标注方法如图 2—4a 所示。

2）索引出的详图如与被索引的图样在同一张图纸内，标注方法如图 2—4b 所示。

3）索引出的详图如采用标准图时，标注方法如图 2—4c 所示。

（2）详图符号。详图符号如图 2—5 所示，用粗实线绘制，是直径为 14 mm 的圆，圆圈内用阿拉伯数字按下列规定进行编号。

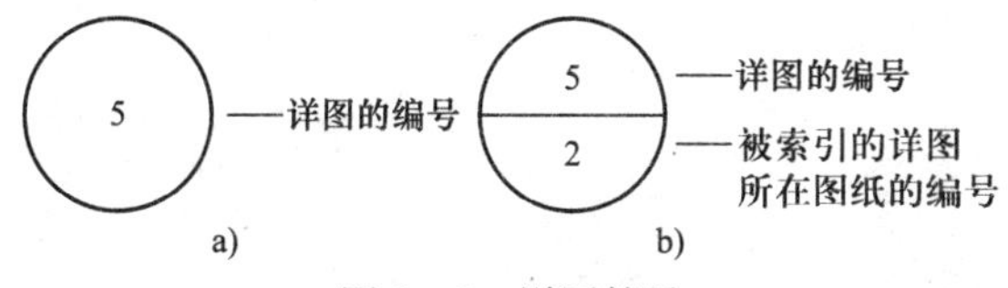

图 2—5　详图符号

a）详图与被索引的图样在同一张图纸内

b）详图与被索引的图样不在同一张图纸内

1）详图与被索引的图样如在同一张图纸内时，标注方法如

图 2—5a 所示。

2）详图与被索引的图样如不在同一张图纸内时，标注方法如图 2—5b 所示。

二、常用建筑图例及构件代号

为了简化图样绘制和减少文字标注量，又便于表达施工图上一些比例较小的图形，常采用示意性的图例符号表示。常用构造及配件图例见表 2—1。

表 2—1　　常用构造及配件图例

名称	图例	说明
坡道	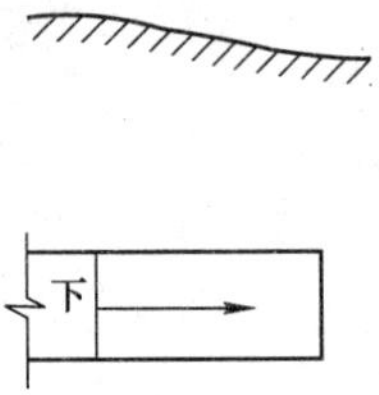 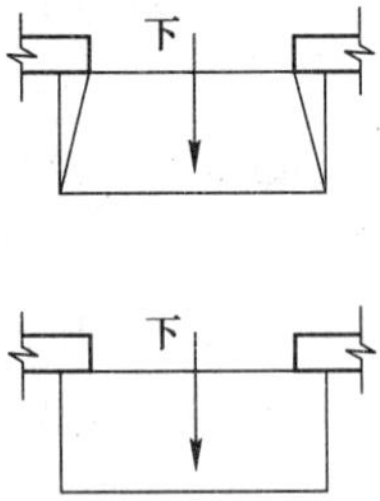 下 下 下	上图为长坡道，下图为门口坡道
平面高差	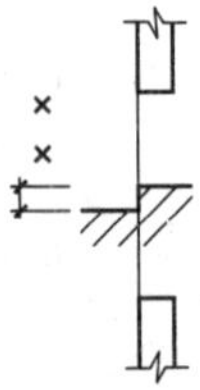 × ×	适用于高差小于 100 mm 的两个地面或楼面的相接处
检查孔		左图为可见检查孔 右图为不可见检查孔

续表

名称	图例	说明
孔洞		阴影部分可以涂色代替
坑槽		
墙预留洞	宽×高或ϕ 底(顶或中心)标高××,×××	1. 以洞中心或洞边定位 2. 宜以涂色区别墙体和留洞位置
墙预留槽	宽×高×深或ϕ 底(顶或中心)标高××,×××	
烟道		1. 阴影部分可以涂色代替 2. 烟道与墙体为同一材料，其相接处墙身线应断开
通风道		

续表

名称	图例	说明
新建的墙和窗	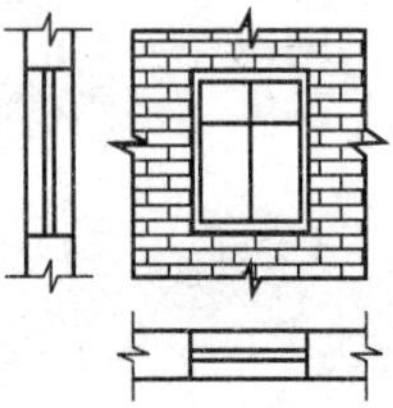	1. 本图以小型砌块为图例，绘图时应按所用材料的图例绘制，不易以图例绘制的，可在墙面上以文字或代号注明 2. 小比例绘图时，平面、剖面窗线可用单粗实线表示
改建时保留的原有墙和窗	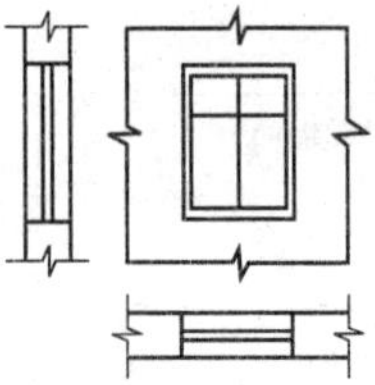	
应拆除的墙	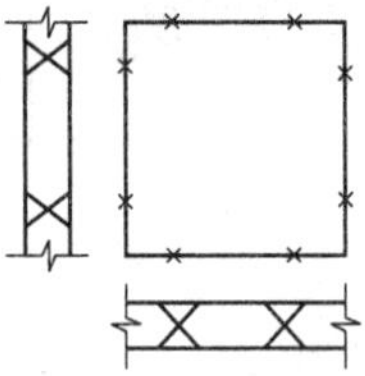	

三、建筑分类与房屋构造

1. 建筑分类

(1) 按用途分类

1) 居住建筑。例如，各种住宅楼、宿舍楼等。

2) 公共建筑。例如，各种商业大楼、教学楼、影剧院、体育馆等。

3) 综合建筑。例如，商住楼（下部为商业用房，上部为住宿楼）、多功能大厦等。

(2) 按建筑层数与高度分类

1) 低层建筑：1～3 层的建筑。

2) 多层建筑：4～6 层的建筑。

3) 中高层建筑：7～9 层的建筑。

4）高层建筑：10 层以上或高度超过 24 m 的建筑。

5）超高层建筑：高度超过 100 m 的建筑。

（3）按主体承重结构用料和承重方式分类

1）砖石结构。砖石结构是用砖或石做成墙体和屋顶支承的结构，由于受所采用的砖、石材料特性的限制，砖石结构的层高、总高、开间、跨度均较小，抗震性能差，但造价低，适用于低矮的民居、库房、菜窖等。

2）木结构。木结构由木柱、木屋架、木檩条组成骨架，而内外墙均不承重，可用砖、石、土坯、木板等材料做成。木结构施工简单，抗震性能尚好，造价较低，但耗木料较多，耐火性、耐久性差。木结构建筑多见于传统的民居和寺庙。由于我国木材资源有限，应控制建造木结构建筑。

3）砖木结构。砖木结构是指承重墙为砖墙，楼层及屋顶由木材承重的结构。楼层由木龙骨、木楼板及木顶棚组成，屋顶由木屋架、木檩条、木望板组成。这种结构的建筑使用舒适，屋顶较轻，取材方便，造价较低，但防火和防震性能较差，楼层刚度较差，多用于三层以下的民用建筑等。

4）砖混结构。砖混结构是指墙体用砖砌体作为承受竖向荷载的构件、楼板用钢筋混凝土板作为水平承重构件的结构。墙体中可设置钢筋混凝土圈梁和构造柱，楼层和屋顶结构可用现浇或预制梁板，屋顶做成坡顶或平顶。

5）框架结构。由梁与柱组成的立体骨架作为主要承重结构，墙体起围护分隔作用。这种结构形式的整体性好，承载能力强，抗地震与抗振动性能较好，由于墙体不承重，故便于开设大门大窗，房间利用灵活，可自由分隔和拆除，但这种结构耗钢量较大，施工技术要求高，造价较高。一般用于中高层、高层民用建筑和大空间及多功能建筑等，如图 2—6 所示。

6）框架—剪力墙结构。建筑以框架结构为主，只是在适当的位置设置必要刚度的钢筋混凝土墙。多用于柱距较大和层高较高的高层公共建筑，如图 2—7 所示。

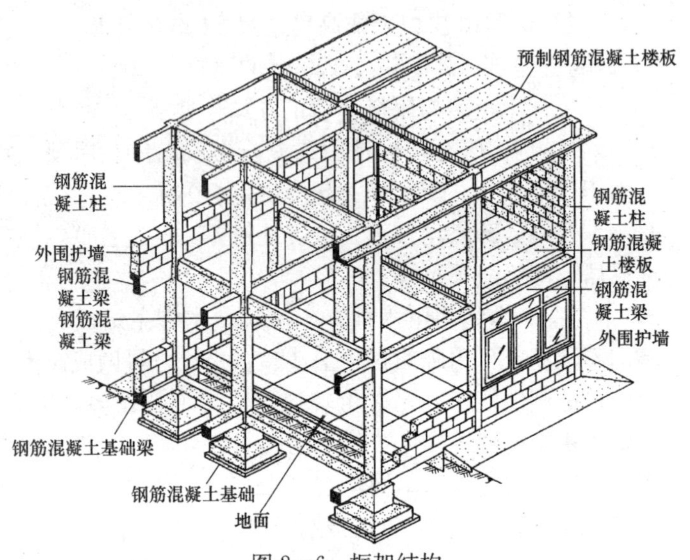

图 2—6　框架结构

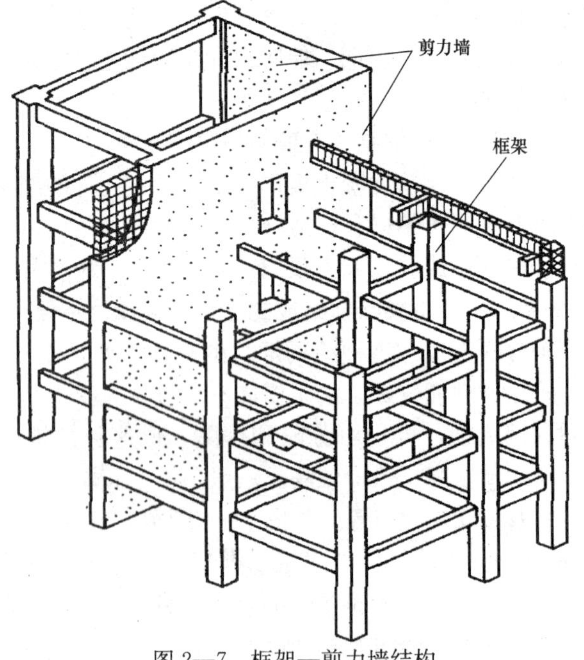

图 2—7　框架—剪力墙结构

2. 房屋构造

民用建筑的房屋一般由基础、墙或柱、楼地层、楼梯等主要部分组成，如图 2—8 所示。

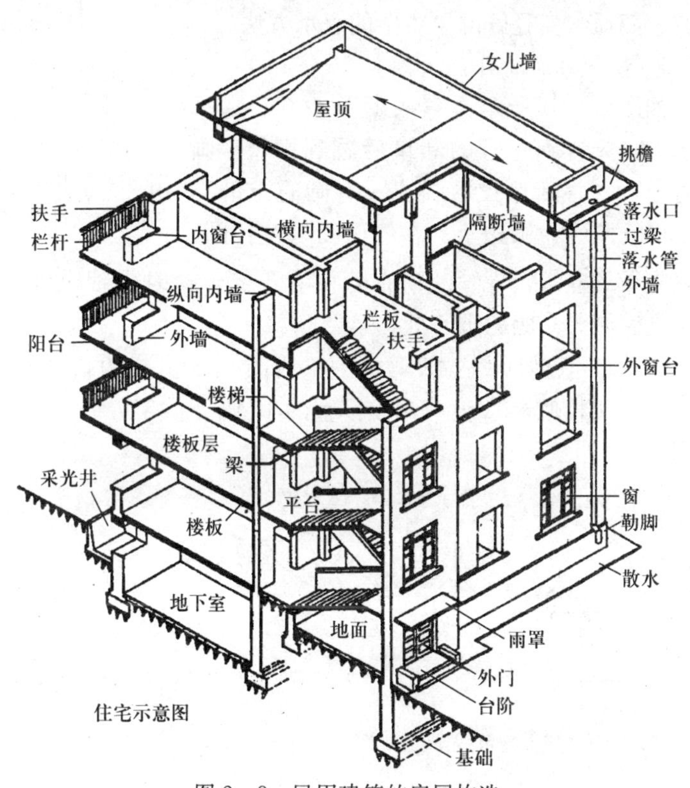

图 2—8　民用建筑的房屋构造

模块二　管道工程图识读

一、管道单线图

在管道工程设计图样中，经常用单线图表示管道。只用一根直线表示管道在立面上的投影，而在平面图中用一小圆点外加一个小圆，即为管道的单线图，如图 2—9 所示。

下面分别介绍管道工程图中常用的弯头、三通、四通、变径管的单线图的表示方法。

1. 弯头的单线图

如图 2—10 所示是弯头的单线图。在平面图上，先看到立管的断口后看到横管。画图时，对立管断口投影画成一有圆心点的小圆，横管画到小圆边上。在侧面图（左视图）上，先看到立管，横管断口在背面看不到，这时横管应画成小圆，立管画到小圆的圆心处。

图 2—9　用单线图形式表示的管道

如图 2—11 所示是 45°弯头的单线图。45°弯头的画法与 90°弯头的画法相似，90°弯头画出完整的小圆，而 45°弯头只需画出半圆。

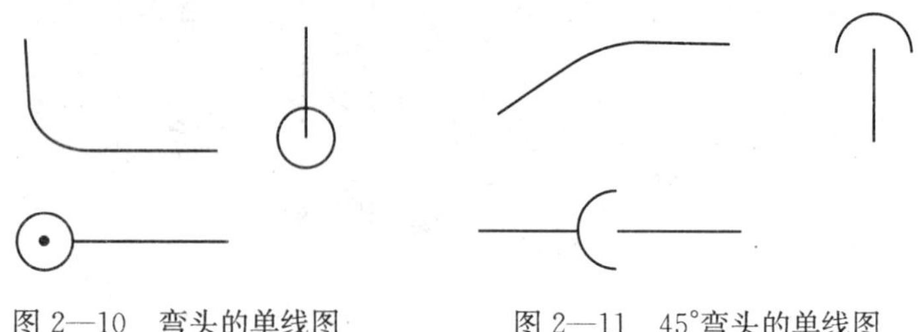

图 2—10　弯头的单线图　　　　图 2—11　45°弯头的单线图

2. 三通的单线图

如图 2—12 所示是三通的单线图。如图 2—12a 所示，在平面图上先看到立管的断口，所以把立管画成一个有圆心点的小圆，横管画在小圆边上。在左立面（左视图）上先看到横管的断口，因此把横管画成一个有圆心点的小圆，立管画在小圆上下两边。在右立面（右视图）上先看到立管，横管的断口在背面看不到，这时横管画成小圆，立管通过圆心。图 2—12b 所示的是两种形式表示同一意义。

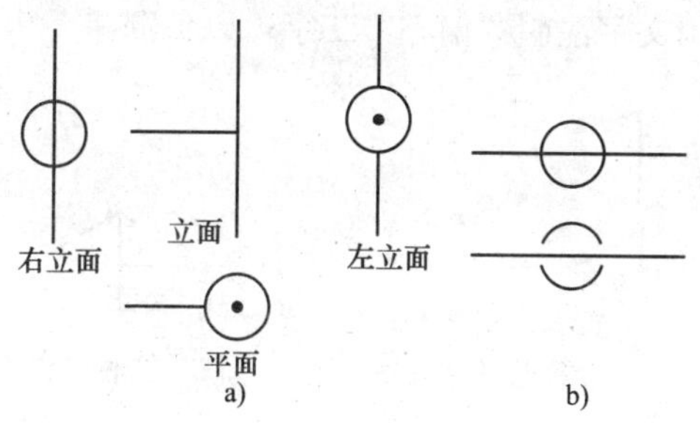

图 2—12　三通的单线图

在单线图里，不论是同径正三通还是异径正三通，其立面图图样的表示形式相同。同径斜三通或异径斜三通在单线图里其立面图的表示形式也相同，如图 2—13 所示。

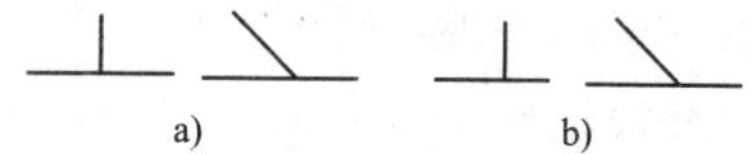

图 2—13　同径、异径正、斜三通的单线图

a）同径　b）异径

3. 四通的单线图

如图 2—14 所示是同径正四通的单线图。同径正四通和异径正四通单线图图样的表示形式相同，如图 2—15 所示。

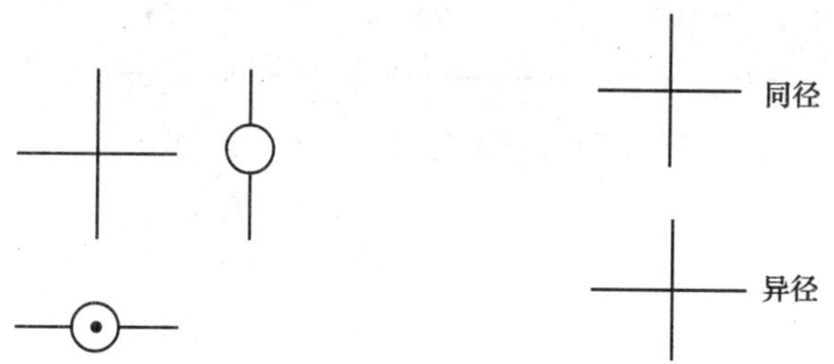

图 2—14　同径正四通的单线图　图 2—15　同径、异径正四通的单线图

4. 变径管的单线图

图 2—16 所示是同心变径管的单线图。图 2—17 所示是偏心变径管的单线图，用立面图形式表示，如以同心变径管的图样表

示，就需要用文字注明“偏心”二字，以免混淆。

图 2—16　同心变径管的单线图　图 2—17　偏心变径管的单线图

二、管线重叠和交叉的表示

长度相等、直径相同的两根或两根以上的管子，如果在垂直位置或平面位置上平行布置，它们的水平投影或正、立投影会完全重合，就同一根管子的投影一样，这种现象称为管线重叠。

在工程图中，通常用“折断显露法”来表示重叠管线，假想前（上）面一根管子已经截去一段（用折断符号表示），这样便显露出后（下）面一根管子。

图 2—18 所示是两根重叠直管的平面图（立面图）。图 2—19所示是直管和弯管重叠的平面图（立面图）。如图 2—20 所示是四根管径相同、长度相等，由高至低、平行排列的管线的平面图和立面图。对这种多根管线重叠的情况，也可用折断显露法来表示，如图 2—21 所示。

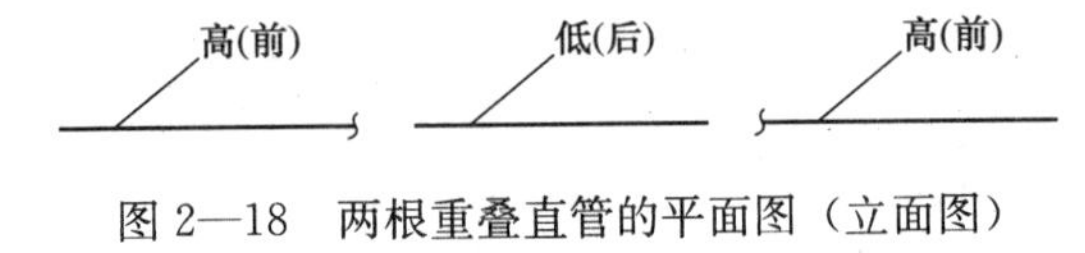

图 2—18　两根重叠直管的平面图（立面图）

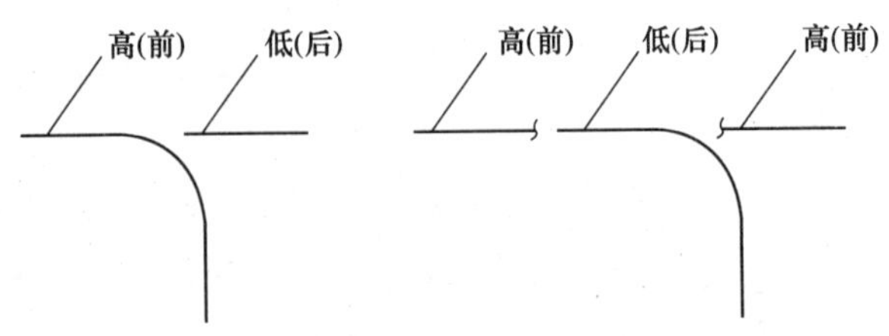

图 2—19　直管和弯管重叠的平面图（立面图）

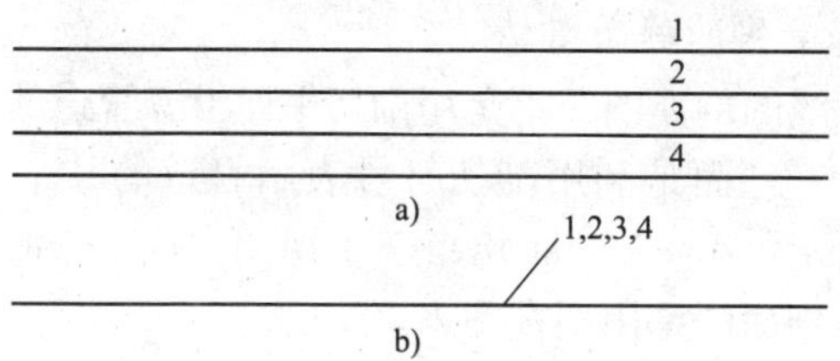

图 2—20　四根成排管线的平面图、立面图

a）立面图　b）平面图

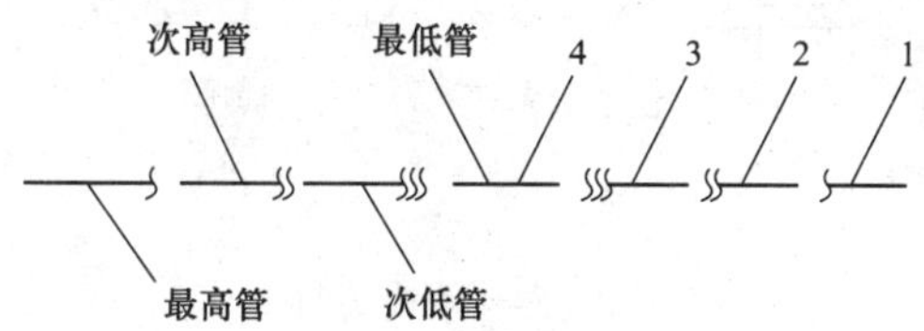

图 2—21　用折断显露法表示的多根管线重叠

在单线图中如果两根管线交叉，高（前）的管线显示完整，低（后）的管线应该断开，如图 2—22 所示。

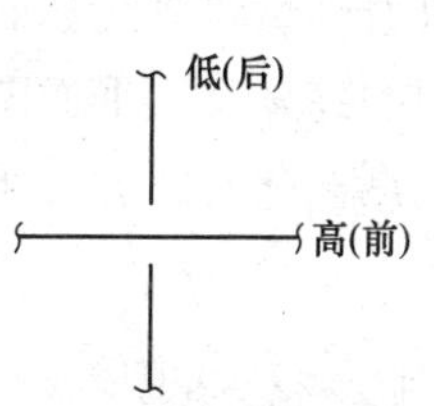

图 2—22　两根管线交叉的单线图

三、管道的剖面图

1. 剖面图的定义

假想用剖切平面把物体的某处切断，仅画出断面的图形，称为剖面图，简称剖面。图 2—23 所示为管子的剖面图。

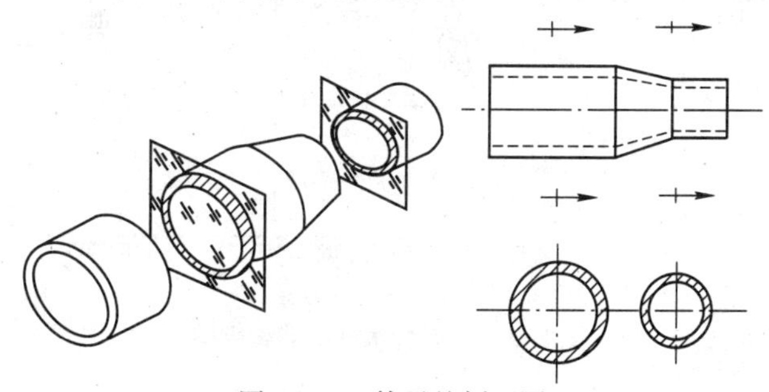

图 2—23　管子的剖面图

2. 单根管线的剖面图

单根管线的剖面图并不是用剖切平面沿着管道的中心线剖开后所得的投影，而是利用剖切符号表示管道的某个投影面，如图 2—24 所示，*A—A* 剖面相当于主视图，*B—B* 剖面相当于左视图。管线剖面图是用剖视图来表示的。

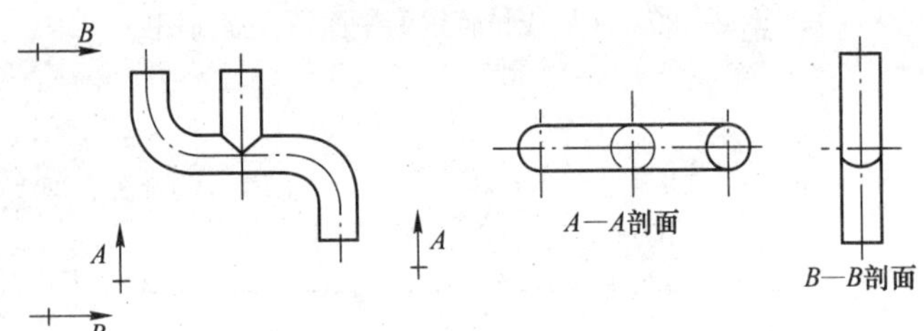

图 2—24　管线剖面图

图 2—25 所示是一组混合水淋浴器的配管图，在平面图中可以看到整路管线如同一个摇头弯管，在管线的终端还装有供淋浴用的莲蓬头，平面图上标有Ⅰ—Ⅰ和Ⅱ—Ⅱ两组剖切符号。Ⅰ—Ⅰ剖面图实际上为正立面图，Ⅱ—Ⅱ剖面图实际上为左立面图。

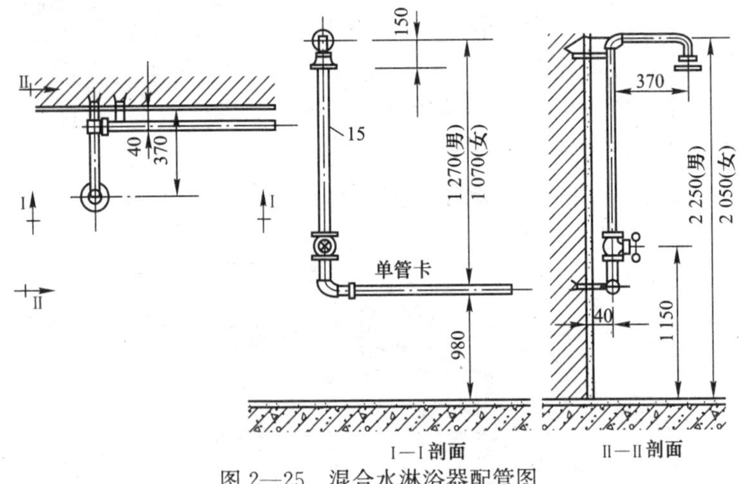

图 2—25　混合水淋浴器配管图

四、管道的轴测图

管道轴测图是根据轴测投影原理绘制而成，能体现长、宽、高三个方向的形状，具有立体感强、容易看懂的特点，它是管道施工图的重要图样之一。用平行投影法将物体连同其空间直角坐标轴一起投影到一个选定的投影面上，所得的图形叫轴测投影图，简称轴测图，图 2—26 所示为立方体的轴测图。在轴测图中，物体上的直线仍为直线；空间直线平行于某一坐标轴时，在轴测图中仍平行于相应的轴测轴；空间两直线相互平行，在轴测图中仍然平行；凡不平行于轴测投影面的圆，其轴测投影一般为椭圆。

轴测图可分为正轴测图和斜轴测图。当投影方向垂直于轴测投影面时，得到的投影是正轴测图，如图 2—26a 所示；当投影方向倾斜于轴测投影面时，得到的投影是斜轴测图，如图 2—26b 所示。管道施工图中常用的是正等测图和斜等测图。

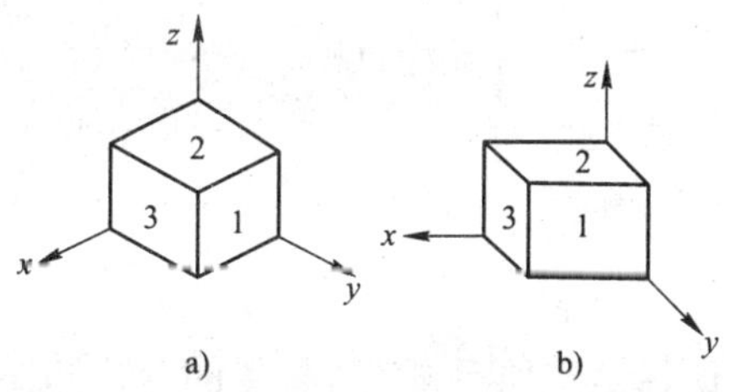

图 2—26　立方体的轴测图

a）正轴测图　b）斜轴测图

下面分别介绍弯管的正等测图、斜等测图和三通的正等测图、斜等测图。

1. 弯管的正等测图

某弯管单线图如图 2—27a 所示，它是水平放置的，有前后水平走向和左右水平走向，故选定 Ox 轴为前后向，Oy 轴为左右向，据此可画出弯管的正等测图，如图 2—27b 所示。在图 2—28中，尽管平面图、立面图反映出弯管也是水平放置的，但整个弯管的实际走向与图 2—27 所示恰好相反。

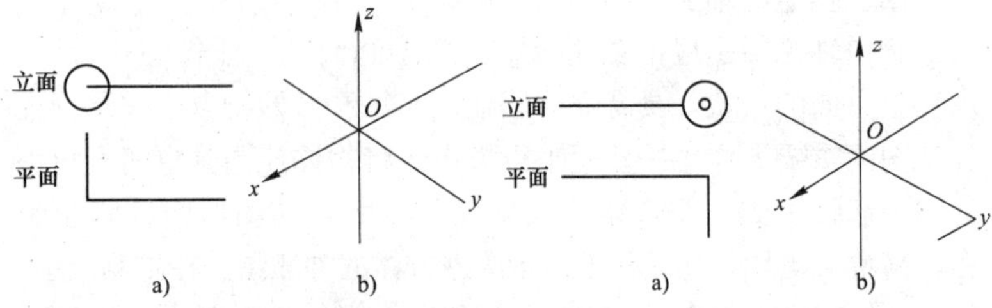

图 2—27　弯管的正等测图（一）　　图 2—28　弯管的正等测图（二）

如图 2—29a 所示，一个垂直放置的弯管，垂直部分的断口朝上，水平部分为左右走向。由此即可画出该弯管的正等测图。同理可知，图 2—29b 是垂直部分断口朝下的弯管。

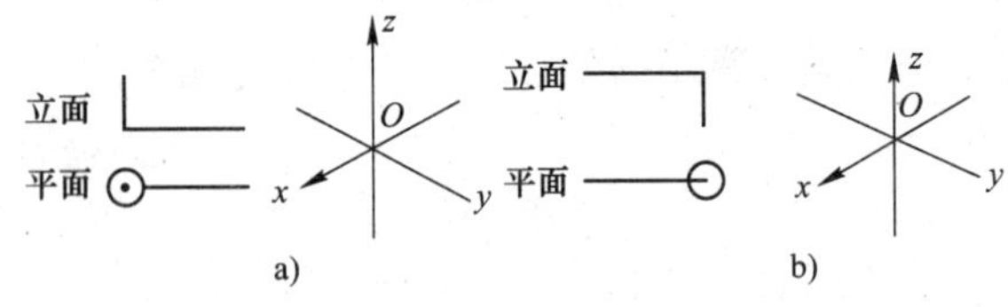

图 2—29　弯管的正等测图（三）

2. 弯管的斜等测图

图 2—30 所示是三种不同放置位置的弯管的斜等测图。

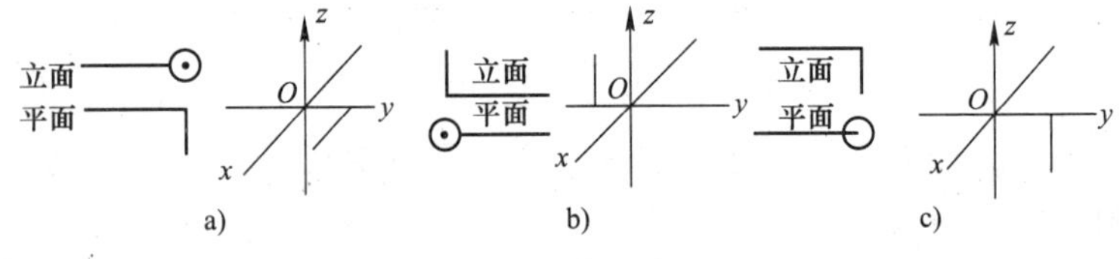

图 2—30　弯管的斜等测图

3. 三通的正等测图

某正三通单线图如图 2—31a 所示，由单线图可知，这个正三通的主管为水平前后走向，支管为垂直走向并与主管相交。选 Ox 轴为前后向，Oz 轴为上下向，据此可画出该正三通的正等测图，如图 2—31b 所示。同理，也可画出如图 2—32 所示正三通的正等测图，这个三通完全是水平放置的。

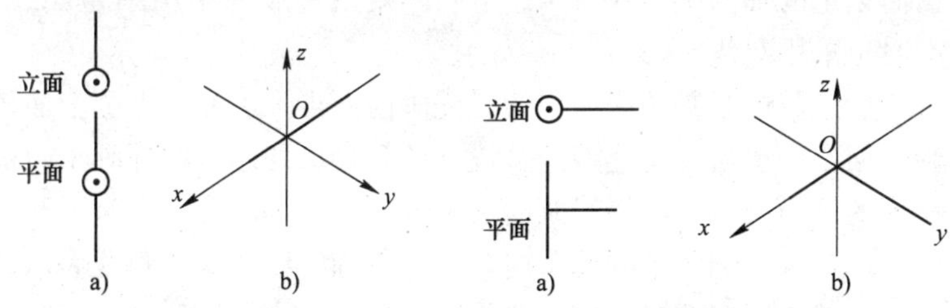

图 2—31 三通的正等测图（一） 图 2—32 三通的正等测图（二）

4. 三通的斜等测图

图 2—33a 所示为三通的单线图，主管走向是前后向，支管走向是上下向。画斜等测图时，从轴交点 O 起，分别在 y、z 轴量取三通在平面图、立面图中的前后、上下走向的线段，如图 2—33b所示。

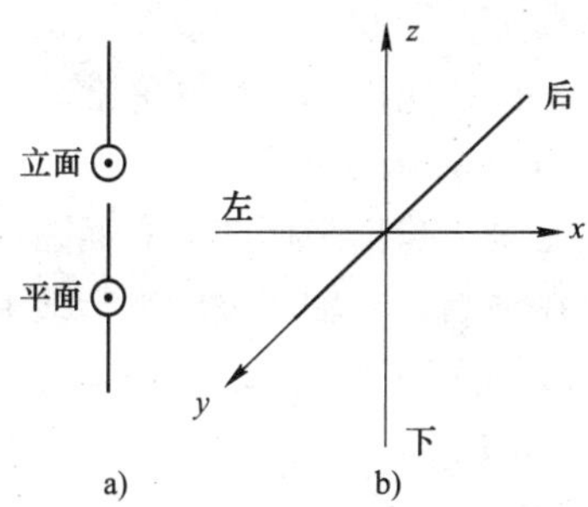

图 2—33 三通的斜等测图

5. 轴测图的简单画法和步骤

（1）画轴测图时，应以管道平面图、立（剖）面图为基础，根据正投影原理对管线的平面图、立（剖）面图进行图形分析。

（2）在图形分析的基础上，对所绘管线分段编号，再逐段进行分析，弄清左右、前后、上下这六个空间方位上每一段管线的具体走向，并确定其同各轴测轴的关系，这一步骤称为定轴定方位。

（3）画管线轴测图时，不论是正等测图还是斜等测图，都根据简化了的轴向缩短率 1∶1 绘制。线型一般都采用单粗实线，有时也采用双线。

（4）具体画图的次序一般是先画前面再画后面，先画上面再画下面。管道与设备连接应从设备的管接口处逐步朝外画出，被挡住的后面或下面的管线画时要断开。

（5）画轴测图中的设备时，一律用细实线或双点画线表示。

（6）画轴测图时，应注明管路内工作介质的性质、流动方向、管线标高及坡度等。如果平面图、立面图上有管件或阀件，也应该在相应的投影位置上标出。

（7）在水平走向的管段中法兰要垂直画；在垂直走向的管段中，法兰一般与邻近的水平走向的管段平行。螺纹连接的阀门和管件在表示形式上与法兰连接相同，阀门的手轮应与管线平行。

（8）由于轴间角、轴向缩短率的不同，因此轴测图一般不能准确地反映管道的真实长度和尺寸，按图施工时，管子不能照实际图线尺寸来画线下料，应以标注尺寸为准。

（9）根据平面图、立面图所确定的比例以及简化的轴向缩短率，用圆规或直尺逐段地量出平面图、立面图中的管线长度，并把它们沿轴向量取在轴测轴或轴测轴的平行线上，然后把量取的各线段连接起来即成轴测图。

模块三　建筑给水排水工程图识读

一、施工图的表示方法

1. 标题栏

标题栏位于图纸右下角，格式大体如图 2—34 所示。其中，图名区表明本图所属的专业和图的内容，图号表明本专业图样编号。

<table>
<tr><td colspan="7">设计单位全称</td></tr>
<tr><td>工程名称</td><td colspan="6"></td></tr>
<tr><td>审定</td><td></td><td>设计人</td><td></td><td rowspan="3">图名</td><td>设计号</td><td></td></tr>
<tr><td>审核</td><td></td><td>工程
负责人</td><td></td><td>图号</td><td></td></tr>
<tr><td>校对</td><td></td><td>设计制图</td><td></td><td>日期</td><td></td></tr>
</table>

图 2—34　标题栏

2. 比例

图形的大小与其实物大小之比称为比例。图形可与实物大小相同，即比例为 1∶1；图形可缩小，如在比例为 1∶50 的图上，实长 1 m 的管线，在图上只画 20 mm 长；图形也可放大，如零配件的详图，在比例为 2∶1 的图上，实长 20 mm，在图上画40 mm 长。

工程图中常用比例见表 2—2。

表 2—2　　　　工程图中常用比例

名称	比例
室内给排水平面图	1∶300　1∶200　1∶100　1∶50
给排水系统图	1∶200　1∶100
供暖总平面图	1∶500　1∶100
室内采暖平面图	1∶100　1∶50
剖面图	1∶50　1∶20
详图	1∶20　1∶10

3. 标高

管道的高度用标高来表示，标高有相对标高和绝对标高两种。室内管道一般标注相对标高。标高的表示方法如图 2—35 所示，通常在管线起讫点、转角点、连接点、变坡点、交叉点标注。

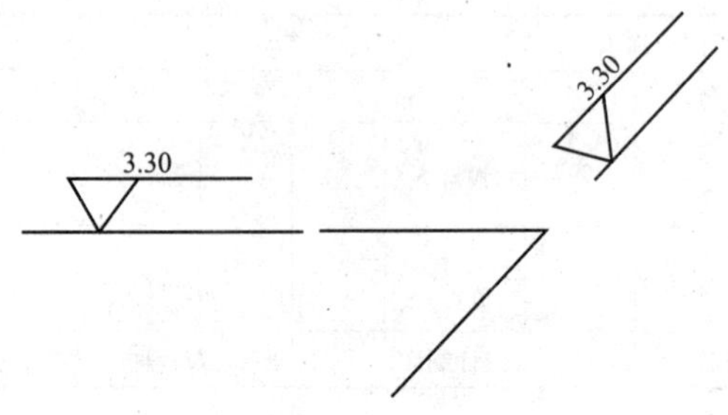

图 2—35　标高的表示方法

(1) 压力管道，如给水管道、采暖管道标注标高时，宜标注管中心标高。

(2) 重力管道，如排水管道标注标高时，一般宜标注管内底标高。

4. 坡度及坡向

坡度符号为 i，符号后注明坡度值。坡向符号用箭头表示，表示坡面下降的方向，常用表示方法如图 2—36 所示。

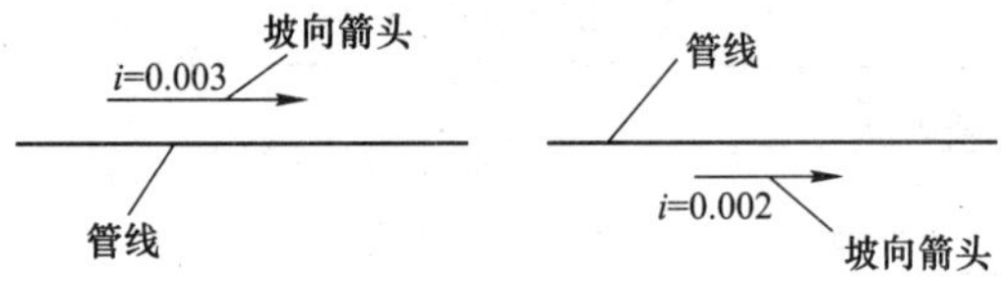

图 2—36　坡度和坡向的表示方法

5. 方向标

管道图中的方向标与建筑图一致，通常采用指北针和风玫瑰图，如图 2—37 所示。

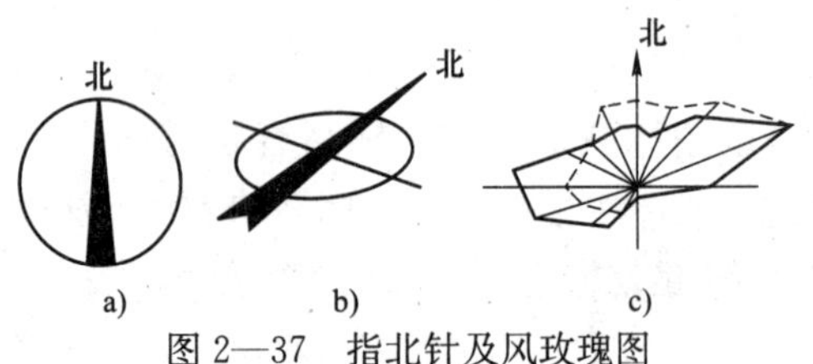

图 2—37　指北针及风玫瑰图

二、给排水工程图

1. 给排水工程图的分类及组成

给排水工程图可分为室内给排水工程图与室外给排水工程图两大类，一般由基本图和详图组成。基本图包括图样目录、设计施工说明、设备及主要材料表、管道设备布置图、剖面图、系统轴测图、原理图等；详图表明各局部的详细尺寸及施工要求。

室内给排水工程图表示一幢建筑物的给水和排水工程，主要包括平面图、系统轴测图和详图。

室外给排水工程图表示一个区域的给水、排水管网，包括管道总平面布置图、流程示意图、纵断面图、工艺图和详图。

2. 给排水工程图图例

为使专业制图基本统一、清晰简明，提高制图效率，满足设计、施工、存档等要求，国家制定了《给水排水制图标准》，表2—3列出了室内给排水工程图常用图例。

表 2—3　室内给排水工程图常用图例（详见 GB/T 50106—2001）

名称	图例	名称	图例
给水管（生活）	——J——	洗脸盆	
污水管	——W——	浴盆	
多孔管		盥洗槽	
检查口		污水池	
清扫口		挂式小便器	
地漏		蹲式大便器	

续表

名称	图例	名称	图例
承插连接		坐式大便器	
法兰连接		小便槽	
闸阀		淋浴喷头	
存水弯		通气帽	
截止阀		离心水泵	
单向阀		温度计	
放水龙头		压力表	
消火栓		流量计	

3. 室内给排水工程图的识读

首先，阅读设计说明和设备材料表，了解工程概况，熟悉有关图例及其含义，然后，以系统为线索，阅读平面图、系统图及详图。阅读时，往往要将它们联系起来看。

以系统为线索，就是指先通过阅读系统图对工程有个大致了解。阅读给水系统图的顺序是：房屋给水引入管→水表井→给水干管→立管→支管→用水设备（水龙头、淋浴器、冲洗水箱等）。阅读排水系统图的顺序是：排水设备（洗脸盆、污水池、大便器等）→排水支管→横管→立管→干管→房屋污水排出管。简言之，是按给水（自来水）和污水的流向来看的。

图2—38、图2—39、图2—40所示为某幢建筑物室内给排水工程的平面图和系统轴测图。下面结合实例介绍识图的一般方法。

（1）设计说明。设计图样上用图例或符号表达不清的内容，需要用文字加以说明。例如，采用的管材及接口方式，管道的防腐、防冻、防结露的方法，卫生器具的类型及安装方式，施工注意事项，所采用的标准图号及名称，系统的管道试压要求等。

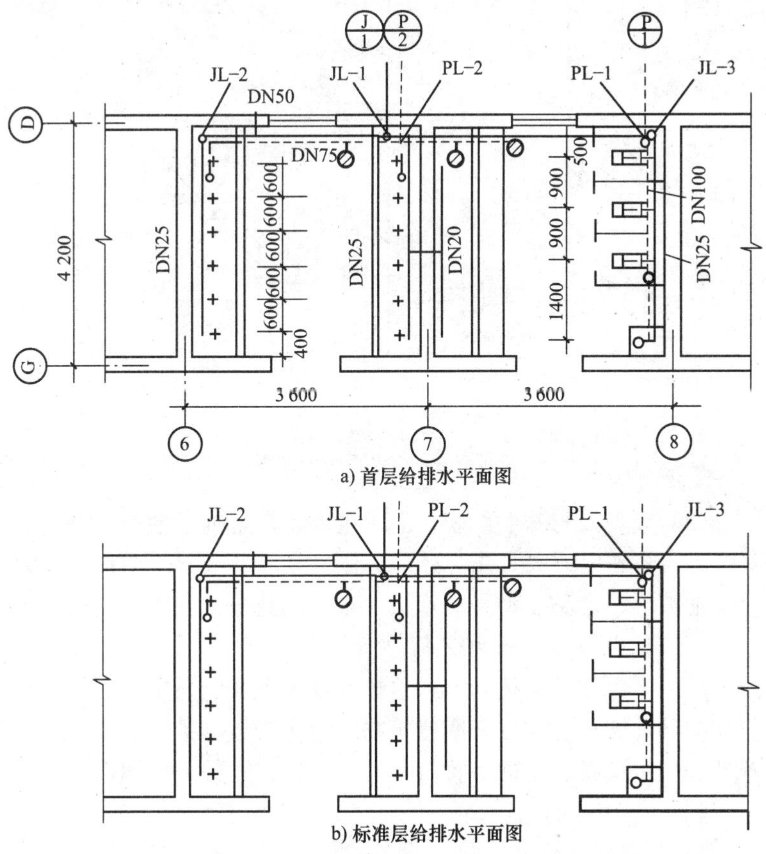

图2—38　室内给排水管道平面图

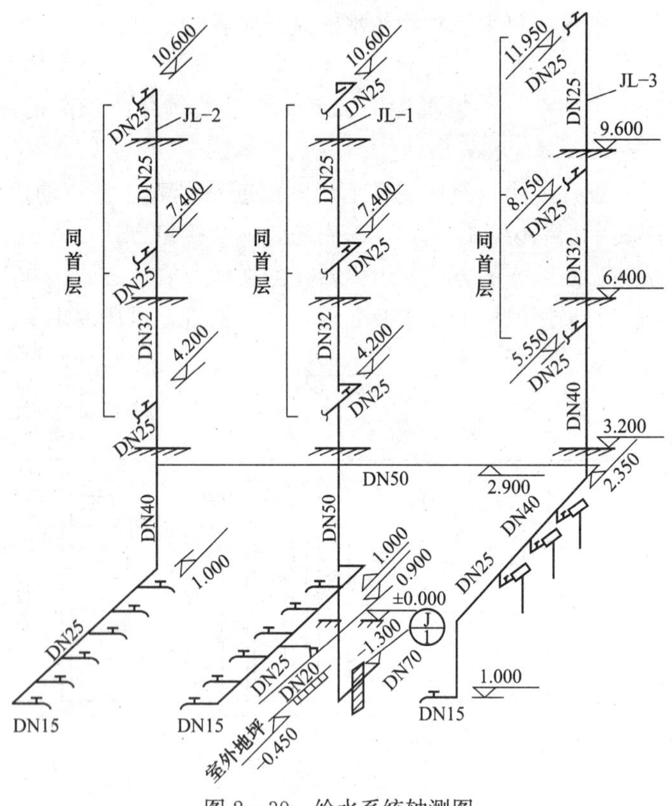

图 2—39　给水系统轴测图

（2）设备及材料明细表。对于重要工程，为了使施工准备的材料和设备符合设计要求，还应编制一个设备及材料明细表，内容包括编号、名称、型号、规格、单位、数量、备注等。简单工程可不编制设备及材料明细表。

（3）平面图的识读。室内给排水管道平面图是施工图样中最基本的设计图。它主要表明建筑物内给水管道、排水管道、卫生器具和用水设备的平面布置及其与结构轴线的关系。识读的主要内容和注意事项如下：

1）查明用水设备、排水设备的类型、数量、安装位置、定位尺寸。

2）查明各立管、水平干管及支管的各层平面位置、管径，各立管的编号及管道的安装方式（明装或暗装）。

图 2—39 中，给水立管的编号为 JL-1、JL-2、JL-3，共三根，DN 表示管道公称直径，单位为 mm，给水管的管径分别为50 mm、40 mm、32 mm、25 mm 等。两根污水立管的编号为 PL-1、PL-2，污水管的管径分别为 100 mm 等，如图 2—40 所示。

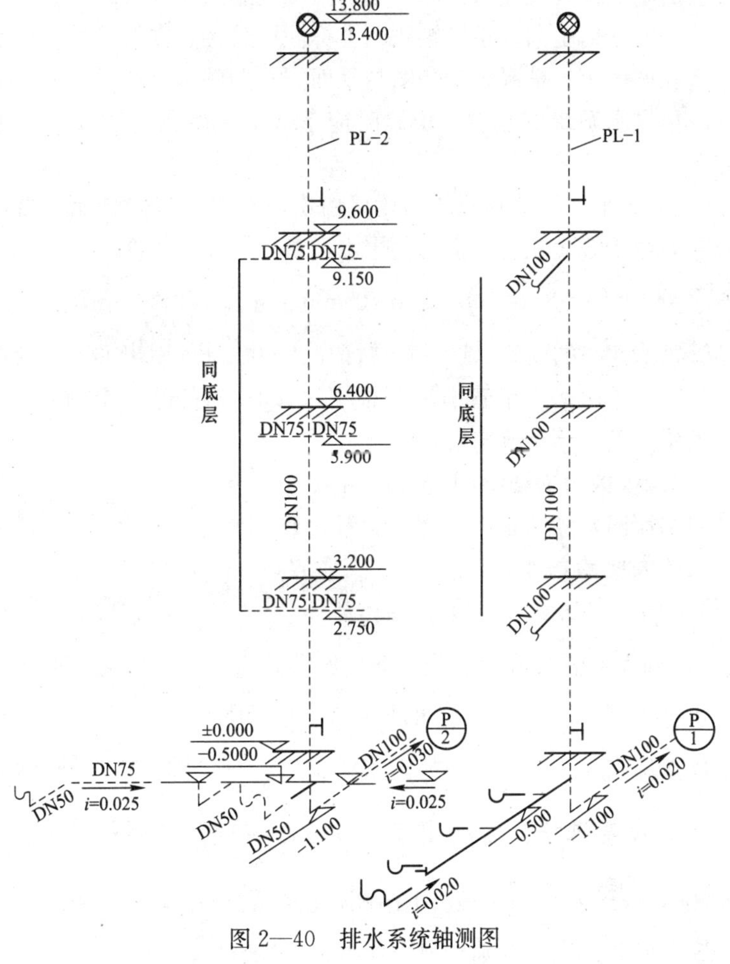

图 2—40　排水系统轴测图

3）弄清楚给水引入管和污水排出管的平面位置、走向、定位尺寸、管径等。给水引入管的编号为$\frac{\mathrm{J}}{1}$，管径为 70 mm，两根污水排出管的编号为$\frac{\mathrm{P}}{1}$、$\frac{\mathrm{P}}{2}$，管径为 100 mm。

（4）系统轴测图的识读。系统轴测图分为给水系统轴测图和排水系统轴测图，它是根据各层平面图中用水设备、排水设备、管道的平面位置及竖向标高，用斜轴测投影绘制而成的，表明管道系统的立体走向。系统轴测图上标注了管径、立管编号、管道标高和坡度等。把系统轴测图与平面图对照阅读，可以了解整个室内给排水系统的全貌。识读时应掌握的主要内容和注意事项如下：

1）给水系统轴测图的阅读可由房屋给水引入管开始，沿水流方向经干管、立管、支管到用水设备，如图 2—39 所示。房屋给水引入管编号为$\frac{\mathrm{J}}{1}$，管径 70 mm，标高－1.300 m，进户后经管径 DN50 的立管（JL-1）在标高 2.900 m 处引出 DN50 的水平干管，再由水平干管引出两根 JL-2、JL-3 立管，自立管上引出各层支管，通至给水设备。

2）排水系统轴测图的阅读可由上而下，自排水设备开始，沿污水流向，经支管、立管、干管至排出管，如图 2—40 所示。各层的大便器污水流经各水平支管，以 $i=0.020$ 的坡度流向 DN100 PL-1 立管，向下汇集到标高－1.100 m 的污水排出管$\frac{\mathrm{P}}{1}$，排至室外化粪池；各层的小便池、盥洗槽、地漏污水是经各水平支管，以 $i=0.025$ 的坡度流向 DN100 PL-2 立管，向下汇集至标高－1.100 m 处的污水排出管$\frac{\mathrm{P}}{2}$，排至室外排水管。两根排水管管径、标高相同，但坡度不同，其中$\frac{\mathrm{P}}{1}$为 $i=0.200$，$\frac{\mathrm{P}}{2}$为 $i=0.030$。平面图反映各管道穿墙和楼板的平面位置，而系统轴测图则反映各穿越处的标高。

3）在系统轴测图中，不画出卫生器具，只分别在给水系统轴测图中画出水龙头、冲洗水箱；在排水系统轴测图中画出存水弯和器具排水管。

（5）详图。又称节点图、大样图，主要是给出管道节点、水表、消火栓、卫生器具、过墙套管、排水设备、管道支架等细节的安装图，它是根据实物用正投影法画出来的，表明某些设备及管道节点的详细构造与安装要求。

模块四　建筑采暖工程施工图识读

一、采暖工程施工图的组成

采暖工程施工图一般由基本图和详图组成。基本图包括图样目录、设计施工说明、设备及主要材料表、平面图、剖面图、系统轴测图等；详图是表明各施工局部的加工制造或施工的详细尺寸的大样图和节点图。

二、采暖工程施工图的图例

为使采暖制图做到基本统一，提高制图效率，满足设计、施工、存档等要求，国家制定了《暖通空调制图标准》，表 2—4 为采暖工程图图例。

表 2—4　　采暖工程图图例（详见 GB/T 50114—2010）

名称	图例	名称	图例
供水（汽）管	R (Z)	保温管道	
回（凝结）水管	N	截止阀	
方形伸缩器		闸阀	
丝堵		单向阀	

续表

名称	图例	名称	图例
滑动支架		溢流阀	
固定支架		减压阀	
散热器放风门		波形伸缩器	
手动排气阀		散热器	
疏水器		集气罐	
自动排气阀		管道泵	
散热器三通阀		除污器	

三、采暖工程施工图的识读

识读时，首先读设计施工说明，熟悉与图样有关的设备及图例符号，然后看各层平面图和系统图，并相互对照，既要看清楚系统本身的全貌和各部位间的关系，也要查明采暖系统与建筑物的关系和设备、管道在建筑物中所处的位置。如图 2—41、图 2—42、图 2—43 所示为某两层办公楼室内采暖工程平面图和系统轴测图。

1. 设计说明

设计图无法表达的内容，一般采用设计说明表达，主要内容有建筑物的采暖面积、热源种类、热媒参数、系统总热负荷、散热器形式及安装方式、管道连接方式以及防腐措施、保温措施、水压试验等。

2. 设备及主要材料表

为便于施工备料，使施工单位按设计要求选用设备和材料，一般施工图均附有设备及主要材料表，其内容包括编号、名称、型号、规格、单位、数量、备注等。

3. 平面图

平面图表明室内采暖管道及设备的平面位置。图 2—41 所示是一层采暖平面图，图 2—42 所示是二层采暖平面图，识读时应注意以下内容。

（1）弄清楚热力入口的位置，采暖供、回水干管设在哪一层，及采暖立管、支管的位置。图 2—41 中的 Ⓡ_1 表明热力入口位置，采暖的回水干管设在一层地沟内。图 2—42 表明供水干管设在二层，采暖立管 Ⓛ_1、Ⓛ_2、……、Ⓛ_{11} 的位置及与立管相连的散热器支管的位置均可从平面图中直接看出。

（2）查明散热器的位置、片数及安装方式（明装或暗装）。平面图中，散热器图例旁的阿拉伯数字表示片数。一层采暖平面图中的地沟是用虚线表示的。

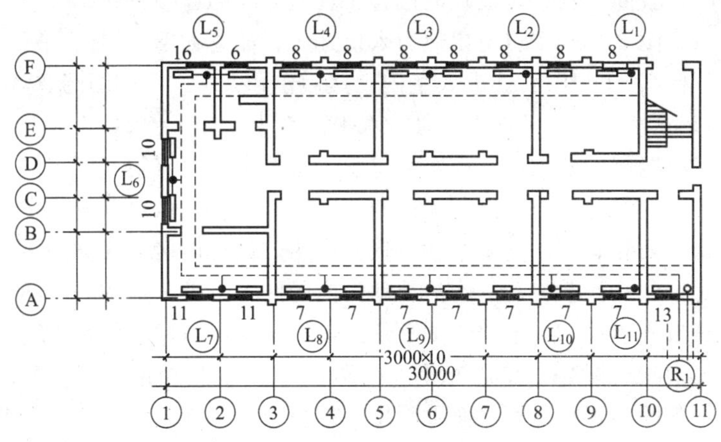

图 2—41　一层采暖平面图

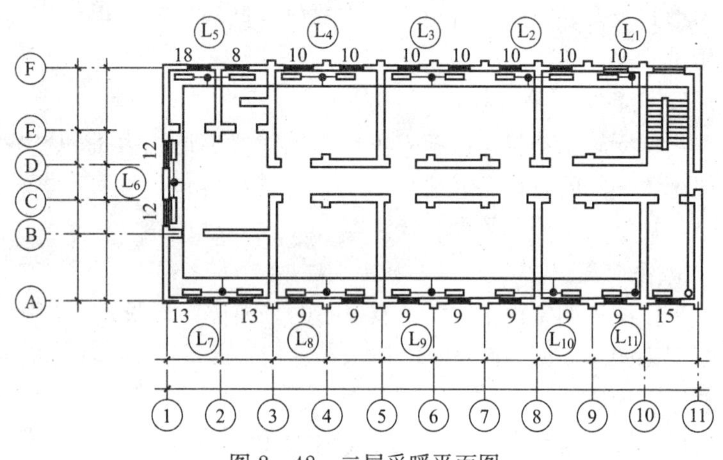

图 2—42　二层采暖平面图

4. 系统轴测图

采暖系统轴测图是采用正面斜测图的绘制方法，假想把采暖系统完整地由建筑物中取出来绘制而成的，如图 2—43 所示，从系统轴测图中可以看到采暖系统的全貌。识读时应注意以下内容。

（1）弄清楚采暖管道的概况，包括管道的走向、空间位置、坡度、坡向、管径及变径的位置、管道之间的连接方式。

从图 2—43 中可看出热力入口处，管径为 DN50 的供水管由地下标高－1.15 m 处进入室内，然后沿供水总立管上升到标高 6.24 m 处，接水平供水干管，水平供水干管以 $i=0.003$ 的上升坡度沿四周内墙敷设，在水平供水干管的末端设有集气罐。供水干管的热水通过立管向一侧或两侧散热器供水，散热器的热水经支管又回到立管，向下一层散热器供热，这种连接形式称为单管垂直串联式。散热后的水流至地沟内的回水干管，地沟内的回水干管自起点标高－0.25 m 处开始，以 $i=0.003$ 的下降坡度敷设，末端与标高－1.45 m 处 DN50 的总回水管相连接。供、回水管各段的管径均可从图上看出。在热力入口处的供、回水管上装有 DN20 的循环管和 DN25 的泄水阀，系统中各立管的始、末端均设有阀门。

（2）查明集气罐的规格、安装形式（立式或卧式）。从图 2—42中看出，此例为卧式集气罐，安装位置为水平供水干管末端的最高处。

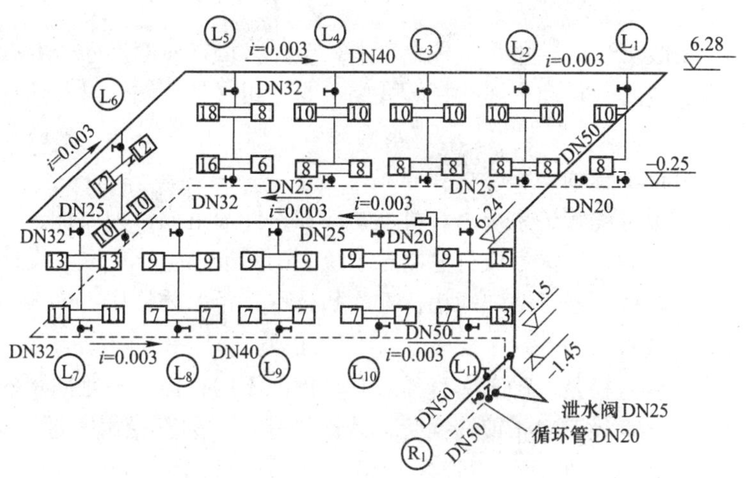

图 2—43　采暖系统轴测图

5. 详图

在平面图和系统轴测图中，由于比例较小，不能清楚表明管道及设备的构造、安装尺寸时，就采用正投影的方法，用较大的比例画出其构造、安装详图。

另外，标准图也是采暖工程施工图的一个重要组成部分，给水管与用水设备之间，卫生器具与排水管之间，供水管、回水管与散热器之间的具体连接形式、详细尺寸和安装要求一般都可根据国家颁布的标准图查得。

第三单元　管道的连接与预制加工

水暖工程中常用管材种类较多，按照管道材质的不同一般可分为非金属管材和金属管材两大类，非金属管材有硬聚氯乙烯管（UPVC）、聚乙烯管（PE）、聚丙烯管（PPR）等多种，金属管材有镀锌钢管和铸铁给水管等。

水暖工程管道系统由管材、管件和附件等组成。为设计、生产、施工方便，国家或行业制定了统一的标准，生产厂家、设计与施工单位都必须遵守通用标准，如公称直径、公称压力、工作压力和试验压力等。

公称直径是一种名义直径，它是近似于内径但并不等同于内径的标准直径。对于镀锌钢管、铸铁管等，公称直径用字母 DN 表示，如 DN100 镀锌钢管，表示其公称直径为 100 mm，外径为 114 mm，壁厚为 4 mm，内径为 106 mm；对于给水塑料管，外径用字母 De 表示，如 De63 PPR 管，表示其外径为 63 mm，壁厚为 4.7 mm。

公称压力是与管道、阀门等的机械强度有关的设计给定压力，是生产管子、附件等强度方面的标准，也称额定压力。

工作压力是为保证管道系统的运行安全，按管道内介质的最高工作温度所规定的最大压力。

试验压力是为了保障管道和附件的机械强度和严密性而规定的压力。

模块一　硬聚氯乙烯（UPVC）给水管管材、管件及连接

一、UPVC 给水管材及管件的特点

UPVC 管材有极强的耐腐蚀性能，不生锈、不结垢，不必担心“出红水”现象；管道内壁光滑、阻力小；机械强度高，有良好的耐水压性能及抗冲击、抗拉强度；质轻，密度为一般铸铁管的 1/5，搬运装卸方便；用专用胶粘剂粘接或弹性密封件套接，安装施工简单快捷。给水管适温范围为 0～45℃，以室温为佳，温度偏低，脆性增加，不利于施工；温度偏高，抗拉强度下降，耐水压性能降低。该管材水密性好，胶粘剂粘接 15 min，即可达到相应强度，经多年使用水密性能也不会明显下降。

UPVC 塑料管规格见表 3—1。

表 3—1　　UPVC 塑料管规格

公称直径 DN（mm）	壁厚（mm）				
	公称压力				
基本尺寸（mm）	允许偏差（mm）	0.63 MPa		1.0 MPa	
		基本尺寸（mm）	允许偏差（mm）	基本尺寸（mm）	允许偏差（mm）
20	0.3	1.6	0.4	1.9	0.4
25	0.3	1.6	0.4	1.9	0.4
32	0.3	1.6	0.4	1.9	0.4
40	0.3	1.6	0.4	1.9	0.4
50	0.3	1.6	0.4	2.4	0.5
65	0.3	2.0	0.4	3.0	0.5
75	0.3	2.3	0.5	3.6	0.6
90	0.3	2.8	0.5	4.3	0.7
110	0.4	3.4	0.6	5.3	0.8
125	0.4	3.9	0.6	6.0	0.8
160	0.5	4.9	0.7	7.7	1.0
200	0.6	6.2	0.9	9.6	1.2

给水 UPVC 管材与管件连接面应平整、尺寸准确，保证接口的密封性，承口尺寸应符合表 3—2 的规定。

表 3—2　　管件承口尺寸　　mm

承口内径	承口长度	承口中部的平均内径	
		最小值	最大值
20	16.0	20.1	20.3
25	18.5	25.1	25.3
32	22.0	32.1	32.3
40	26.0	40.1	40.3
50	31.0	50.1	50.3
63	37.5	63.1	63.3
75	43.5	75.1	75.3
90	51.0	90.1	90.3
110	61.0	110.1	110.4

给水 UPVC 管件有直通、弯头、三通、活接头等形式，分为同径管件与异径管件两类。各管件如图 3—1 所示，为便于与螺纹管件连接，UPVC 管还配有铜内螺纹管件，如图 3—2 所示。

图 3—1　UPVC 管件

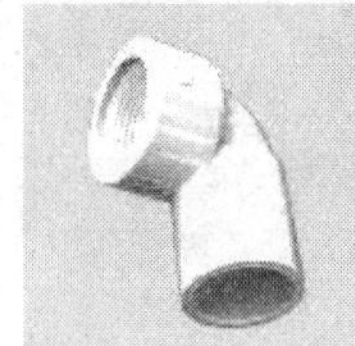   

图 3—2　UPVC 管铜内螺纹管件

二、UPVC 给水管的连接

UPVC 给水管的连接方法有胶粘剂连接、弹性密封圈连接、法兰连接、螺纹连接及活接连接五大类。

1. 胶粘剂连接

适用于管径不大于 160 mm 的管道连接，连接前管端先倒角约 30°，尖端厚度约为管材壁厚的 1/3，但不宜小于 3 mm。用清洗剂擦拭干净，用 400 目以下的砂纸将承口和管端套接部位打毛，均匀涂胶粘剂。插入时快速插入底部，同时适当旋转（不超过 90°），保持 30 s 后方可移动，多余溶剂及时擦拭干净。

2. 弹性密封圈连接

适用于 63 mm 以上规格管材的连接，管端倒角坡度约为 15°，尖端厚度为管材壁厚的 1/3。宜先涂敷适量润滑剂（通常为肥皂水）于凹槽密封圈表面及管端，插入深度应比承口小10～20 mm。对于大口径管材，可用厚木板垫于管端，以木槌或铁棒击入，或以拉紧器拉紧。

3. 法兰连接

适用于 63 mm 以上规格的管材间或管材与金属管道间的连接，在对破损管道进行抢修时，这种方法安全可靠、简单迅速。

4. 螺纹连接

适用于 20～63 mm 规格的管材与金属及其配件间的连接，以生料带作密封填充物，螺纹连接小管件承口处镶有螺纹铜接头。

5. 活接连接

适用于 63 mm 以下规格的管材间或管材与钢管间的连接，这种连接方式便于安装与维修。

模块二　聚乙烯管（PE）给水管管材、管件及连接

一、PE 给水管管材及管件的特点

PE 管材是由聚乙烯树脂加入添加剂经挤压成型制得，可分为给水用 PE 管、热水用交联聚乙烯管（PE-X）、排水用高密度聚乙烯管（HDPE）、燃气用中密度聚乙烯管（MDPE）。

下面以交联聚乙烯管（PE-X）为例介绍其特点。

PE-X 管密度较小，耐温性好（－70～＋110℃），可在＋110℃以下长期使用；耐水压性能和耐蚀性能好，在高温下也能输送各种化学物质；水力特性好，阻力小，不结垢，卫生性能好。其缺点是，管件必须用专业的金属管件，且不能熔接或粘接，废品不能回收，管材渗氧性能较强，管材线性膨胀系数较大。

二、PE-X 给水管的连接

PE-X 给水管的连接应采用铜质管件及专用施工用具。在施工中，对于 De≤25 mm 的管材，宜采用卡环式管件连接，如图 3—3 所示；对于 De≥32 mm的管材，宜采用夹紧式管件连接。

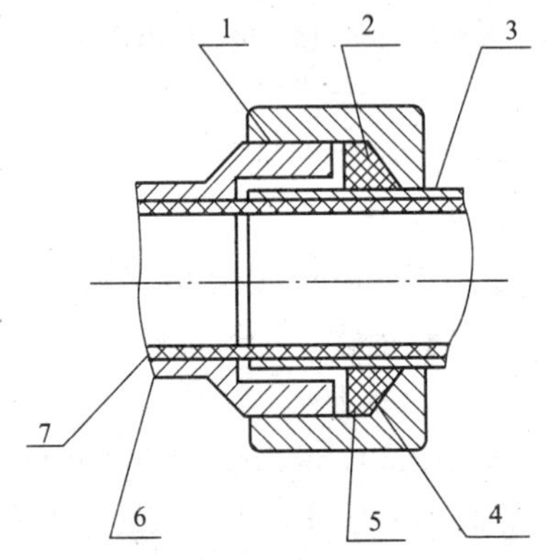

图 3—3　PE-X 管卡环式连接

1—螺母　2—卡环　3—管材　4—垫圈　5—密封圈　6—管接头　7—衬塑层或搪瓷层

1. 卡环式管件连接

（1）按照所需管道长度下料。

（2）选择与管材相应口径的纯铜环套上管材，将管口用力插入管件接头，直至管件根部。

（3）将纯铜环推向管口，套在管材上，并使它

与管口的距离为 2～2.5 mm。

(4) 用专用的卡钳将纯铜环夹紧，直至卡钳的钳口完全闭合。在夹紧的过程中，卡钳应与管材轴向保持垂直，一次钳紧，以保证接口的密封性。

注：卡钳在使用前应调节好，以保证钳口大小合适，以免钳口过大影响密封或钳口太小损伤管件。

2. 夹紧式管件连接

(1) 管径小于等于 32 mm 的配套管件的连接

1) 按照要求用专用剪刀或其他刀具剪切一定长度的管材，切口应平整、光滑，以便于安装。

2) 将管子用力插入管件的内芯直至根部，注意插入过程中应防止硅胶密封圈移位，以免影响密封。如管件内径偏小，可用扩孔器将管径扩大些再安装。

3) 套上 C 形环，推至管口处，此时应注意 C 形环开口的大小，如果太小可用平锉刀锉大。

4) 套上螺母，用扳手拧紧即可。拧紧螺母时应分两次进行，第一次拧紧后，等全部管道连接完成，再统一拧紧一次。

(2) 管径大于等于 40 mm 的配套管件的连接

1) 用细齿锯或其他工具截取一定长度的管材，并去掉毛刺和毛边，使切口平整、光滑，以便于安装。

2) 将衬芯插入管子。

3) 将管件的锁紧螺母、C 形环、O 形平垫片和硅胶密封圈依次套在管材上，注意后三者应紧密结合，硅胶密封圈离管口距离应在 2 cm 左右。

4) 将管子用力插入管件的内芯直至根部，注意插入过程中应防止硅胶密封圈移位，以免影响密封。

5) 把 C 形环推至管口处，此过程要确保将 C 形环推到最低，防止 C 形环嵌入管子。

6) 套上螺母，用扳手拧紧即可。拧紧螺母时应分两次进行，第一次拧紧后，等全部管道连接完成，再统一拧紧一次。

管道与其他管道附件、阀门等连接时，应采用专用外螺纹或内螺纹夹紧式、卡环式管件，一般填料为聚四氟乙烯生料带。

模块三　共聚聚丙烯（PP-R）给水管管材、管件及连接

一、PP-R 给水管管材及管件的特点

PP-R 管材是采用无规则共聚聚丙烯（PP-R）专用料，以单螺杆挤出机采用挤出和成型工艺生产的管材，除具备一般塑料管的质量小、耐腐蚀、不结垢、使用寿命长等特点外，还具有以下特点：

（1）无毒、卫生，属绿色建材。

（2）耐热、保温。

（3）连接方式简单、可靠。

（4）材料具备可回收性。

其缺点为刚性和抗冲击性能比金属管道差；线性膨胀系数较大；抗紫外线性能差，在阳光的长期直接照射下容易老化；属可燃材料，不能用于消防给水系统，也不能与消防给水管道连接。

PP-R 给水管的规格尺寸见表 3—3。

表 3—3　　PP-R 给水管的规格尺寸

公称外径 De (mm)	平均允许偏差 (mm)	壁厚（mm）											
		公称压力											
		p=1.0 MPa		p=1.25 MPa		p=1.6 MPa		p=2.0 MPa		p=2.5 MPa		p=3.2 MPa	
		基本尺寸	允许偏差	基本尺寸	允许偏差	基本尺寸	允许偏差	基本尺寸	允许偏差	基本尺寸	允许偏差	基本尺寸	允许偏差
20	+0.30					2.3	+0.50	2.8	+0.50	3.4	+0.60	4.1	+0.70

续表

公称外径 De（mm）	平均允许偏差（mm）	壁厚（mm）											
		公称压力											
		p=1.0 MPa		p=1.25 MPa		p=1.6 MPa		p=2.0 MPa		p=2.5 MPa		p=3.2 MPa	
		基本尺寸	允许偏差	基本尺寸	允许偏差	基本尺寸	允许偏差	基本尺寸	允许偏差	基本尺寸	允许偏差	基本尺寸	允许偏差
25	+0.3 0			2.3	+0.5 0	2.8	+0.5 0	3.5	+0.6 0	4.2	+0.7 0	5.1	+0.8 0
32	+0.3 0	2.4	+0.5 0	3.0	+0.5 0	3.6	+0.6 0	4.4	+0.7 0	5.4	+0.8 0	6.5	+0.9 0
40	+0.4 0	3.0	+0.5 0	3.7	+0.6 0	4.5	+0.7 0	5.5	+0.8 0	6.7	+0.9 0	8.1	+1.1 0
50	+0.5 0	3.7	+0.6 0	4.6	+0.7 0	5.6	+0.8 0	6.9	+0.9 0	8.4	+1.1 0	10.1	+1.3 0
63	+0.6 0	4.7	+0.7 0	5.8	+0.8 0	7.1	+1.0 0	8.7	+1.1 0	10.5	+1.3 0	12.7	+1.5 0
75	+0.7 0	5.7	+0.8 0	6.9	+0.9 0	8.4	+1.1 0	10.3	+1.3 0	12.5	+1.5 0	15.1	+1.7 0
90	+0.8 0	6.7	+0.9 0	8.2	+1.0 0	10.1	+1.3 0	12.3	+1.5 0	15.0	+1.7 0	18.1	+2.1 0
110	+1.0 0	8.1	+1.1 0	10.0	+1.1 0	12.3	+1.5 0	15.1	+1.8 0	18.3	+2.1 0	22.1	+2.5 0

二、PP-R 给水管的连接

PP-R 给水管的连接方法有热熔连接、电熔连接和法兰连接。

1. 热熔连接

（1）同种材质的 PP-R 给水管及管配件之间的安装连接应采用热熔连接，应使用专用热熔工具。暗敷墙体、地坪面内的管道不得采用丝扣或法兰连接。

（2）PP-R 给水管与金属配件连接，应采用带金属管件的 PP-R作为过渡，该管件与塑料管采用热熔连接，与金属配件或卫生洁具五金配件采用丝扣连接。

（3）管道采用热熔连接时的操作要点：

1）接通热熔机电源，到达工作温度，指示灯亮后方能开始操作。

2）切割管材时，必须使端面垂直于管材轴线。管材切割一般使用管子剪或管道切削机，必要时可使用锋利的钢锯，但切割后管材断面应去除毛边和毛刺。

3）管材与管件连接端面必须清洁、干燥、无油。

4）用卡尺在管端测量，并标绘出热熔深度。热熔深度应符合热熔连接技术要求（见表3—4）。

表3—4　　热熔连接技术要求

公称外径（mm）	热熔深度（mm）	加热时间（s）	加工时间（s）	冷却时间（s）
20	14	5	4	3
25	16	7	4	3
32	20	8	4	4
40	21	12	6	4
50	22.5	18	6	5
63	24	24	6	6
75	26	30	10	8
90	32	40	10	8
110	38.5	50	15	10

注：若环境温度低于5℃，加热时间应延长50%。

5）熔接弯头或三通时，按设计图样要求，应注意其方向，在管件和管材的直线方向上用辅助标志标出其位置。

6）连接时，无旋转地把管端导入加热套内，插入至标志深度，同时，无旋转地把管件推到加热头上，到达规定标志处。加热时间必须满足表3—4的要求。

7）达到加热时间后，立即把管材与管件从加热套与加热头上同时取下，迅速无旋转地、直线均匀地插入到标志深度，使接头处形成均匀凸缘。

8）在表3—4规定的加工时间内，刚熔接好的接头还可校正，但严禁旋转。

2. 电熔连接

管道采用电熔连接时的操作要点：

1）应保持电熔管件与管材的熔合部位不受潮。

2）连接端应垂直切割，并应用洁净棉布擦净管材和管件连接面上的污物，并标出插入深度，刮除其表皮。

3）校直两对应的连接件，使其处于同一轴线上。

4）电熔连接机具与电熔管件的导线连接应正确。连接前，应检查通电加热的电压，加热时间应符合电熔连接机具与电熔管件生产厂家的有关规定。

5）在熔合及冷却过程中，不得移动、转动电熔管件和熔合的管道，不得在连接件上施加任何压力。

6）电熔连接的标准加热时间应由生产厂家提供，并应随环境温度的不同而加以调整。

3. 法兰连接

管道采用法兰连接时的操作要点：

1）法兰盘套在管道上。

2）PP-R过渡接头与管道热熔连接的步骤应符合热熔连接要求。

3）校直两对应的连接件，使连接的两片法兰垂直于管道中心线，表面相互平行。

4）法兰的衬垫应采用耐热无毒橡胶圈。

5）应使用相同规格的螺栓，安装方向一致。螺栓应对称紧固，紧固好的螺栓应露出螺母，宜齐平。螺栓、螺母宜采用镀锌件。

6）连接管道的长度应精确，当紧固螺栓时，不应使管道产生轴向拉力。

7）法兰连接部位应设置支（吊）架。

模块四　镀锌钢管给水管管材、管件及连接

一、镀锌钢管管材及管件的特点

钢管有焊接钢管与无缝钢管两种，焊接钢管又分为镀锌钢管（白铁管）和非镀锌钢管（黑铁管）。镀锌钢管分为冷镀锌管、热镀锌管。冷镀锌管就是电镀锌，镀锌量很少，容易脱落，故其耐腐蚀性能差，目前已淘汰该技术。热镀锌镀层均匀，附着力强，故耐腐蚀能力强，使用寿命长相对较长。

焊接镀锌钢管规格见表 3—5。

表 3—5　低压流体输送用焊接镀锌钢管规格（GB/T 3091—2008）　mm

公称口径	外径	壁厚	
		普通钢管	加厚钢管
6	10.2	2.0	2.5
8	13.5	2.5	2.8
10	17.2	2.5	2.8
15	21.3	2.8	3.5
20	26.9	2.8	3.5
25	33.7	3.2	4.0
32	42.4	3.5	4.0
40	48.3	3.5	4.5
50	60.3	3.8	4.5
65	76.1	4.0	4.5
80	88.9	4.0	5.0
100	114.3	4.0	5.0
125	139.7	4.0	5.5
150	168.3	4.5	6.0

注：表中的公称口径系近似内径的名义尺寸，不表示外径减去两个壁厚所得的内径。

二、镀锌钢管的连接

镀锌钢管常用的连接方式有螺纹连接、法兰连接、焊接和卡箍

（沟槽式）连接，焊接后的镀锌钢管接口必须重新镀锌后方可使用。

1. 螺纹连接

螺纹连接是利用配件连接，如图 3—4 所示。配件用可锻铸铁制成，抗蚀能力及机械强度均较大，也分镀锌和非镀锌两种，钢制配件较少。

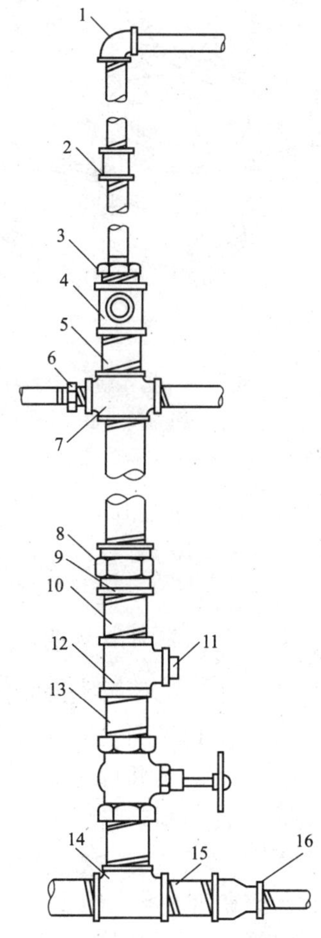

图 3—4　镀锌钢管螺纹连接

1—90°弯头　2—管箍　3、6—补心　4、10—异径三通　5、9、12、15—内接头　7—异径四通　8—活接头　11—管堵　13—阀门　14—等径三通　16—变径管管道连接时需对切割好的管口进行套螺纹。对钢管管口进行外螺纹加工习惯上称为套螺纹，是管道安装中最基本的操作技术之一，分为手工套螺纹和机械套螺纹两种方法。

(1) 手工套螺纹。手工套螺纹所使用的工具称为管子铰板，如图 3—5 所示，主要由本体、卡板、板牙等部分组成。

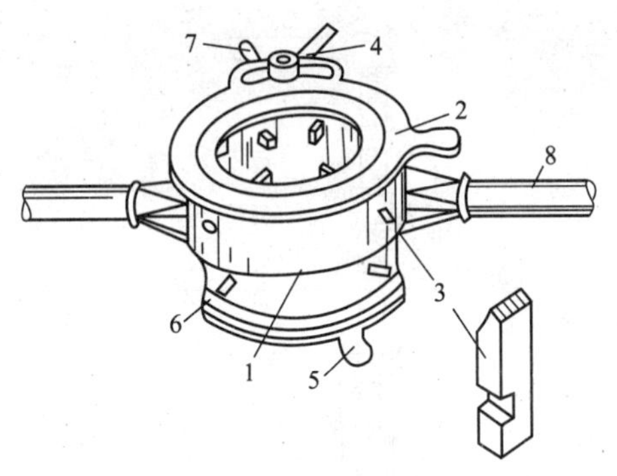

图 3—5 管子铰板

1—本体 2—前卡板 3—板牙 4—前卡板压紧螺栓

5—后卡板 6—卡爪 7—板牙扳钮 8—手柄

铰板规格分为 1 号（114 型）和 2 号（117 型）两种。1 号铰板可加工$\frac{1}{2}''$、$\frac{3}{4}''$、$1''$、$1\frac{1}{4}''$、$1\frac{1}{2}''$、$2''$六种管螺纹，2 号铰板可加工 $2\frac{1}{2}''$、$3''$、$3\frac{1}{2}''$、$4''$四种管螺纹。每种规格的铰板分别配有几套相应的板牙，每套板牙可以套两种管径的管螺纹。

每套板牙有四个，刻有 1～4 序号，本体上板牙孔口处也刻有 1～4 的标号，安装板牙时，先将固定盘“0”的位置对准，然后对号将板牙插入孔内，转动固定盘可以使四个板牙向中心靠近，板牙就固定在卡板内。

套螺纹时，将管子放在压力案上的压力钳内，留出 150 mm 左右的长度，卡紧，将管子铰板轻轻套在管口上，调整后卡爪滑盘将管子卡住，再调整固定盘面上的管径刻度。然后两手推管子铰板，带上 2～3 扣，再站到侧面按顺时针方向转动手柄，在套螺纹处加些机油，用力要均匀，待螺纹即将套成时，轻轻松开板牙扳钮，打开板牙，开机退板，保持螺纹应有锥度。锥形螺纹连接更为紧密。

根据管径大小，一般螺纹需要 2～3 板次或更多的板次才能套成（管径在 40 mm 以下 2 次套成，50 mm 以上 3 次套成）。分多次套螺纹时，第一次板标盘刻度可以稍定大一些，以后逐次调紧。

螺纹的加工长度无具体规定时，可按表 3—6 的尺寸加工。

表 3—6　　管子螺纹的加工尺寸

管径（mm）	管径（in）	短螺纹		长螺纹		连接阀门螺纹
		长度（mm）	螺纹牙数	长度（mm）	螺纹牙数	长度（mm）
15	1/2	14	8	50	28	12
20	3/4	16	9	55	30	13.5
25	1	18	8	60	26	15
32	$1\frac{1}{4}$	20	9	65	28	17
40	$1\frac{1}{2}$	22	10	70	30	19
50	2	24	11	75	33	21
70	$2\frac{1}{2}$	27	12	85	37	23.5
80	3	30	13	100	44	26

在安装中，当支管有坡度要求或原有管件螺纹不正时，则要求套制相应的偏扣（俗称歪牙）。歪牙的套制方法是用铰板套出两扣后，将后卡爪滑板根据所需的偏度略松开，使铰板向一侧倾斜，这样套成的螺纹即为歪牙。歪牙的最大偏离度不能超过 15°。如歪牙不能满足要求，则需弯曲管子。

（2）机械套螺纹。机械套螺纹是指用套丝机加工管子螺纹，目前我国已普遍使用，如图 3—6 所示。

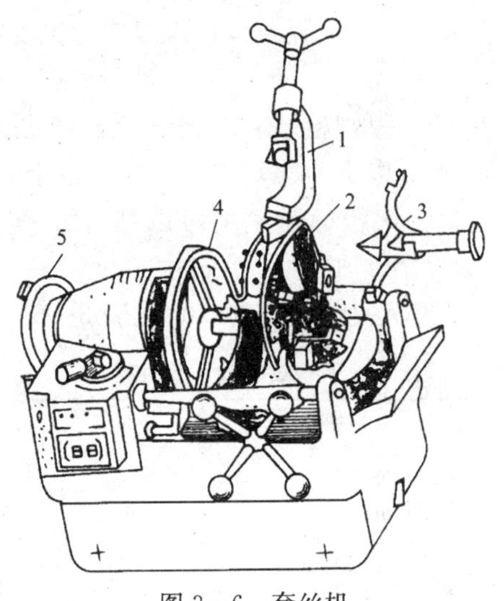

图 3—6 套丝机

1—切刀 2—板牙头 3—镜刀 4—前卡盘 5—后卡盘

使用套丝机套螺纹时，先将管子在卡盘内卡紧，由电动机经减速箱带动管子转动，扳动刀具托架手柄，使板牙头做纵向运动，进行套螺纹或铣口工作。套螺纹后可旋转切刀丝杠进行切管。另外，套丝机的切削液是通过主轴上的齿轮带动固定在机壳内的齿轮泵而喷出的。

套丝机一般以低速进行工作，操作时不可逐级加速，以防损坏板牙或毁坏机器。套螺纹时，不可用锤击的方法旋紧或放松进刀手柄和活动标盘。套长管时，要将管子架平。套螺纹完成后，要将进刀手柄及管子、夹头松开，将管子慢慢退出，避免碰伤螺纹。

直径 40 mm 以上的管子套螺纹时要分两次进行，不可一次套成，以防损坏板牙或出现坏丝。前后两次的螺纹轨迹要注意重合，避免乱牙。

套螺纹的质量要求：螺纹表面要光洁、无裂缝，允许有细微毛刺；螺纹高度的减低量不得超过 10%；螺纹断缺总长度不得超过表 3—6 中规定长度的 10%，断缺处不得纵向连贯；螺纹工作长度可允许缩短 15%，但不应超长；螺纹不得有偏丝、细丝和乱螺纹牙等缺陷。

2. 法兰连接

在较大管径（50 mm 以上）的管道上常将法兰盘焊接或螺纹连接在管端，再以螺栓连接。法兰连接一般用于连接闸阀、单向阀、水泵、水表等，以及需要经常拆卸、检修的管段上。

3. 焊接

焊接的优点是接头紧密，不漏水，施工迅速，不需要配件；缺点是不能拆卸。焊接一般只用于非镀锌钢管，如果对镀锌钢管焊接，焊接后必须重新对接口镀锌。

4. 卡箍（沟槽式）连接

卡箍（沟槽式）连接，是指用滚槽机或开槽机在管材上开出沟槽，套上密封圈，再用卡箍固定，卡箍连接管件如图 3—7 所示。卡箍连接示意图如图 3—8 所示。卡箍连接与螺纹连接相比，前者可以将连接管径的尺寸范围扩大，能承受较大的压力；较大管径镀锌钢管之间的卡箍连接与法兰连接相比，前者不破坏镀锌层，不需要二次镀锌，操作方便，拆卸灵活。

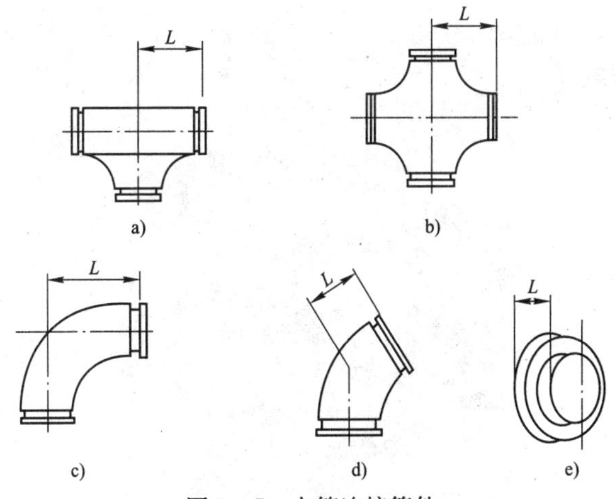

图 3—7　卡箍连接管件

a）正三通　b）正四通　c）90°弯头　d）45°弯头　e）盖盲片

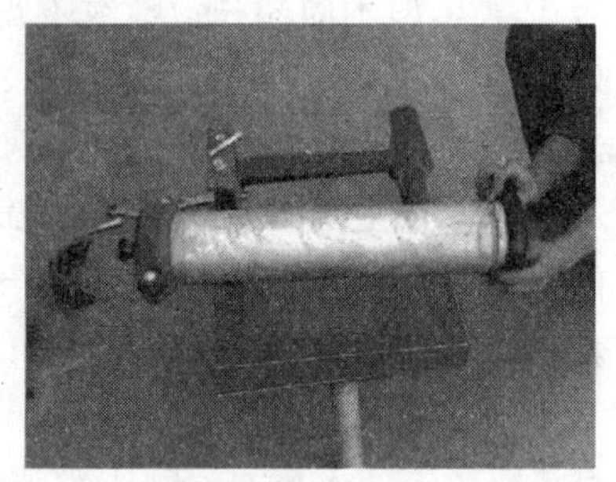

图 3—8　卡箍连接示意图

模块五　铸铁给水管管材、管件及连接

一、铸铁给水管管材及管件的特点

铸铁给水管能承受较大工作压力（0.45～1.00 MPa）、耐腐蚀、价格便宜，因而被大量用作外部给水管。但是它的缺点是质硬而脆、质量大、施工困难。公称直径为 DN75～1 500，工作压力有 0.45 MPa、0.75 MPa、1.00 MPa 等几种。铸铁给水管如图 3—9 所示。

图 3—9　铸铁给水管

铸铁管的接头通常有承插式、法兰式和柔性接口三种形式。铸铁给水管按制造材质不同分为灰口铸铁给水管和球墨铸铁给水管两种。灰口铸铁给水管过去通常称为铸铁给水管，灰口铸铁给水管按铸造方式不同，分为砂型离心铸铁直管和连续铸铁立管。由于与灰口铸铁给水管相比，球墨铸铁给水管具有强度高、韧性大、密闭性能佳、抗腐蚀能力强、安装施工方便等优点，球墨铸铁给水管已经成为灰口铸铁给水管的替代产品。球墨铸铁给水管按接口方式不同分为 K 形机械式柔性接口管和 T 形承插式柔性接口管，如图 3—10 所示。

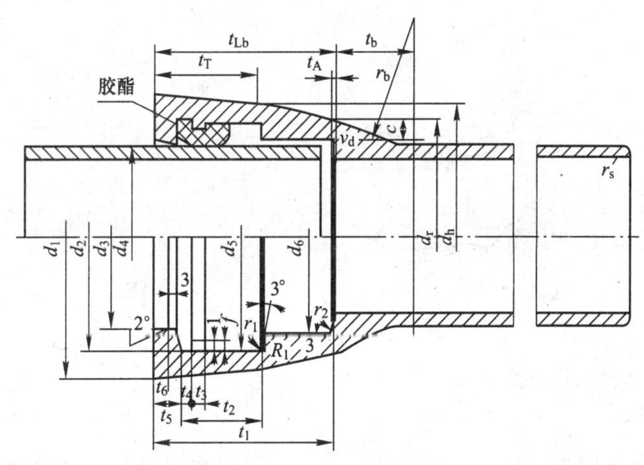

图 3—10　T 形承插式接口

二、铸铁给水管的连接

1. 下料

铸铁给水管可采用錾切的方法下料。

錾切采用的工具是扁铲和手锤。錾切时，在管子的切断线下方两侧垫上厚木板，用扁錾沿切断线凿 1～2 圈，凿出线沟，然后用手锤沿线沟用力敲打，同时不断地转动管子，连续敲打直到管子折断为止，如图 3—11 所示。切断小口径铸铁管时，扁錾和手锤由一人操作即可；切断大口径铸铁管时，需由两人协同操作，一人打锤，一人掌握扁錾，必要时还需有人帮助转动管子。掌握扁錾要端正，錾子与被切管子间的角度要正确，如图 3—12 所示，千万不能偏斜，以免打坏錾子或手锤及砸坏管子。此外，操作工人应戴好防护眼镜，以免铁屑飞溅伤及眼睛。非工作人员也应离开现场，以防安全事故发生。大口径球墨铸铁管也可以用等离子切割机切管或氧气乙炔焰切割。应注意氧气乙炔焰气割后，要用打磨机打磨切口以改善切割后断面不平整问题。

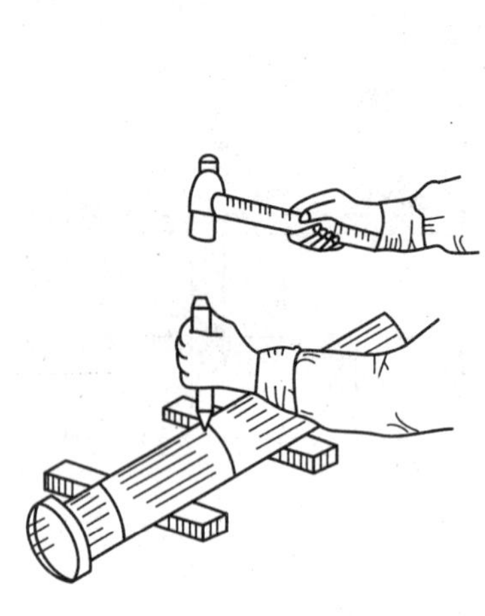

图 3—11　铸铁管錾切

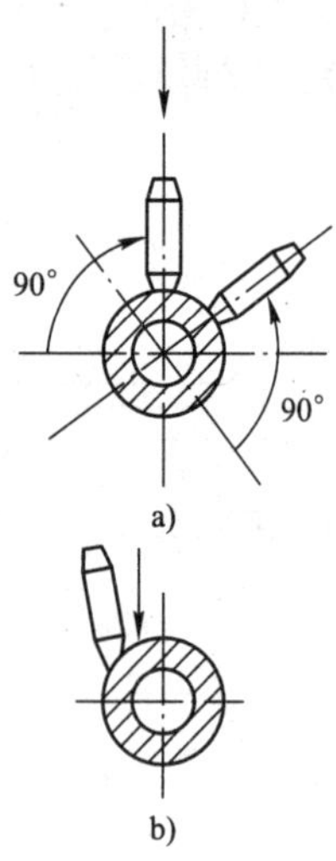

图 3—12　錾切的角度
a）正确　b）错误

2. 连接

铸铁给水管的连接方法通常采用承插连接。

（1）管口处理。铸铁管口端的沥青及杂物可用火焰（如氧乙炔焰或喷灯）烧掉并用钢丝刷清理。

（2）连接材料准备。常用的填充材料有以下 5 种：

1）油麻。

2）橡胶圈。管道接口所用的橡胶圈不应有气孔、裂缝、重皮或老化等缺陷。装填时橡胶圈应平展、压实，不得松动、扭曲、断裂等。

3）石棉水泥。石棉水泥质量配合比例为石棉：水泥＝3：7，石棉水泥的水灰比为1：9或1：10，拌好的石棉水泥应在1 h内用完，最好随用随拌。

4）膨胀水泥。膨胀水泥接口是以膨胀水泥：中砂：水＝1：1：0.3的比例拌和成的水泥砂浆接口。膨胀水泥按其成分不同，又可分为自应力水泥接口和石膏氯化钙水泥接口。

5）青铅。将小铅块放入铅锅内，点火加热至铅块熔化，拨开液铅表面浮层，其颜色为紫红色时即可使用。

（3）捻口

1）打油麻。

2）采用橡胶圈做密封填料时，首先将胶圈上的粘着物清擦干净，把胶圈弯为“梅花形”或“8”字形装入承口槽内，并用手沿整个胶圈按压一遍，或用橡皮锤砸实，确保胶圈各个部分不翘不扭，均匀地卡在槽内。然后在插口外表面和胶圈上涂刷润滑剂，将润滑剂均匀地涂刷在承口安装好的胶圈内表面。在插口外表面涂刷润滑剂时要注意涂抹均匀。然后使用管道连接器将管道接口接好。

3）石棉水泥填料密封。

4）膨胀水泥填料密封。

5）青铅填料密封。

（4）养护

1）石棉水泥与自应力水泥接口捻打完毕后，用湿泥土或湿草绳缠绕在接口上，并浇水进行养护。石棉水泥接口每天浇水2～4次，养护时间宜为3天。刚刚接口完毕的接口不允许直接泡在水中，并应湿养护1～2昼夜，寒冷季节应有防冻措施。

2）膨胀水泥接口在完成接口工作后，随即湿养护，可用泥糊口，填土浇水养护。如冬季施工，抹口后用盐水和泥糊口，覆干土蓄热养护，管段亦覆干土保温。

模块六　UPVC 排水管管材、管件及连接

一、UPVC 排水管管材及管件的特点

UPVC 排水管管材是以聚氯乙烯树脂为主要原料，加入必要的助剂，经挤出成型或用 UPVC 管材二次加工成型，能符合一定技术标准的产品。其与金属材料相比，具有质量小、水流阻力小、不生锈、耐腐蚀、节省金属材料、施工方便、外表美观等优点。UPVC 建筑排水管规格见表 3—7。UPVC 加筋排水管规格见表 3—8。

表 3—7　　UPVC 建筑排水管规格

公称直径 DN（mm）	平均外径极限偏差（mm）	壁厚（mm）	
		基本尺寸	极限偏差
40	+0.3 0	2.0	+0.4 0
50	+0.3 0	2.0	+0.4 0
75	+0.3 0	2.3	+0.4 0
90	+0.3 0	3.2	+0.6 0
110	+0.4 0	3.2	+0.6 0
125	+0.4 0	3.2	+0.6 0
160	+0.5 0	4.0	+0.6 0

表 3—8 **UPVC 加筋排水管规格**

管道规格	DN225	DN300	DN400
管道内径 *Dri*（mm）	224.0	300.2	402.1
管道外径 *Dro*（mm）	250.0	335.0	450.0
管道壁厚 *Tp*（mm）	2.1	2.6	3.0
管道长度 *L*（mm）	3 000/6 000	3 000/6 000	3 000/6 000
每节管重 *G*（kg）	13.00/25.30	24.66/47.76	42.72/82.17
承口内径 *Dsi*（mm）	251.7	337.1	453.0
承口外径 *Dso*（mm）	280	385	515
承口壁厚 *Ts*（mm）	1.7	2	2.6
承口深度 *Ls*（mm）	136～146	162～172	203～213
管肋间距 *Sd*（mm）	23	31	38
管顶最小覆土厚度（m）	0.6	0.6	0.6
管顶最大覆土厚度（m）	3.0	3.5	4.0
管道工作压力（MPa）	0.2	0.2	0.2

二、UPVC 排水管的连接

1. 管材的加工

管材量取长度确定后，可用钢锯手工锯割或用圆锯片、锯床锯割。两端切口应保持平整，除去毛边并倒角，倒角不宜过大。

2. 管材与管件的粘接

粘接前必须进行试组装，清洗插入管管端外表约 50 mm 长度和管件承口内壁，再用涂有丙酮的棉纱擦洗一次，然后在两者黏合面上用毛刷均匀地涂上一层黏合剂，不得漏涂。涂毕即旋转到理想的组合角度，把管材插入管件的承口，用木槌敲击，使管材全部插入承口，在两分钟内不能拆开或转换方向，及时擦去接合处挤出的粘胶，以保持管道清洁。

模块七　管道的预制与加工

一、管道的量尺与下料

任何管道系统均由各种形状、不同长度的管段组成。管段是指两管件（或阀件）之间的一段管道，管段长度（构造长度）就是两管件中心的距离。管道工要掌握正确的量尺下料方法，以保证管道的安装质量。

管段中管子在轴线方向的有效长度称为管段的安装长度，管段安装长度的展开长度称为管段的加工长度（下料长度）。当管段为直管（非螺纹连接）时，加工长度等于安装长度；当管段中有弯管时，其加工长度等于管子展开后的长度。图 3—13 所示为管段长度示意图。

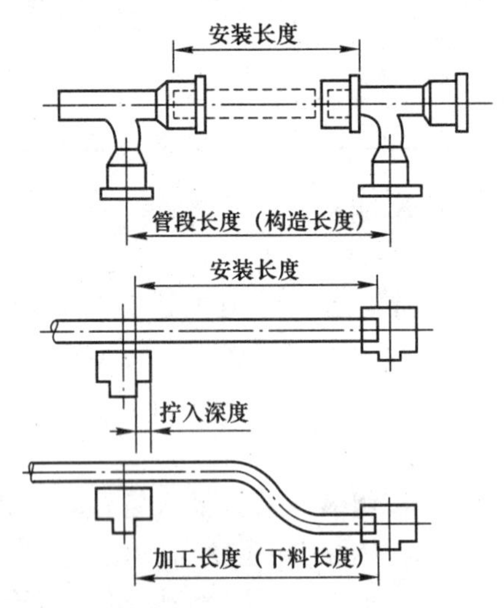

图 3—13　管段长度示意图

1. 量尺

量尺的目的是得到管段的构造长度，进而确定管段加工长度。当建筑物主体工程完成后，可按施工图中管子的编号及各部件的位置和标高，计算出各管段的构造长度，同时用钢尺进行现场实测并核查。根据实测与计算的结果绘制出加工安装草图，标出管段的编号与构造长度。

具体量尺方法为：

（1）直线管段上的量尺，可使尺头对准后方管件（或阀件）的中心，读前方管件（或阀件）中心对应的示值，即得到管段的构造长度。

（2）沿墙、梁、柱等安装管道，量尺时尺头顶住墙面，读另一侧管件中心对应的读数。再从读数中减去管道与建筑墙面中心的距离，则得到管段的构造长度。

（3）各楼层立管的安装标高量尺时，应将尺头对准各楼层地面，读设计安装标高净值。为确保量尺准确，应在吊线弹出的立管垂直安装中心线上量尺。

2. 下料

由于管件自身有一定长度，且管子螺纹连接时又要深入管件内一段长度，因此，量出构造长度后，还要通过一定的方法才能得到准确的下料长度。管段下料方法有计算法和比量法两种。

二、管子调直与弯曲

1. 管子调直

金属管材在生产、搬运和堆放过程中，常因碰撞而弯曲，加工和安装过程中也难免使管子变形，但是管道施工要求成品必须做到横平竖直、不得弯曲，否则将影响管道的外形美观和使用功能。因此，施工中要注意管子在切断前和加工后要保持笔直，如有弯曲，要进行调直。

检查管子是否弯曲，最简单的方法是用肉眼观察，将管子一端抬起，用一只眼睛从一端看向另一端，管子侧表面是一条直线，则说明管子是直的。还有一种方法是滚动检查法，如图 3—14 所示。将管子放在两根平行且等高的型钢或钢管支架上，两根钢管间的距离，最好为所检查管子长度的一半，然后使管子在支架上轻轻滚动。如果管子以均匀的速度滚动而不摆动，且可在任意位置上停止，那么该管是直的；如果在滚动过程中时快时慢且来回摆动，停止时每次总是同一侧朝下，则表明此管是弯的，且凸面向下，应做好标记，以备调直。

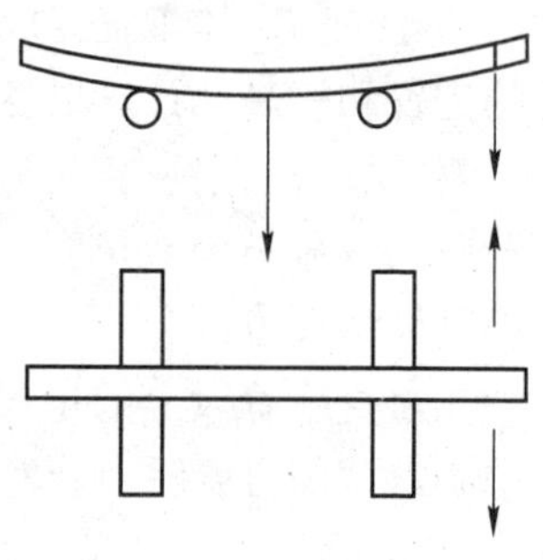

图 3—14　滚动检查法

（1）冷调。管径在 50 mm 以下的管子一般都采用冷调。冷调又分为以下三种方法：

1）准备两把锤子，一把锤子顶在管子凹向的起点，以它作为支点，用另一把锤子敲打管子背面，即凸面高点，如图 3—15a 所示。注意两把锤子不能对着打，以免打扁管子。两锤着力点应有一定距离，用力适当，反复校正，直到调直为止。

2）将管子放在平台上，立两铁桩作为着力点，如图 3—15b 所示。调直时两铁桩与管接触处最好垫上木板以防止将管子压扁。开始时将弯曲处置于前桩前 80～100 mm，边用力找正边将管子前移，用力要均匀、不能过大，以免使管子又形成蛇形弯曲。

3）将管子平放在地面上，凸面在上。一个人在管子的一端观察管子的弯曲部位，另一个人可按观察者的指点，用木锤在弯曲部位凸面处敲打，沿弯曲部位顺着管子进行，如图 3—15c 所示，决不能以凸起的最高点为起点。

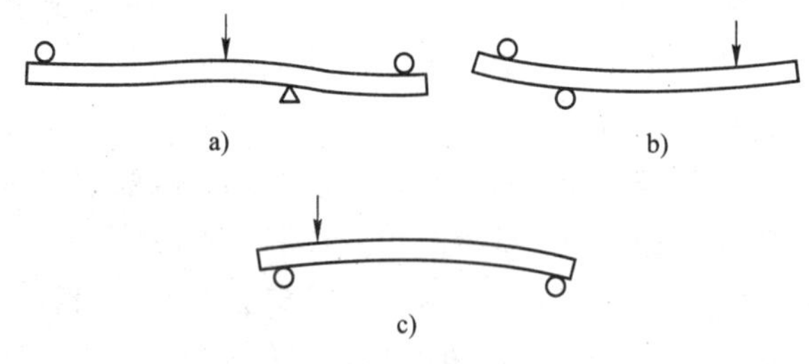

图 3—15　弯管冷调

(2) 热调。直径为 50～100 mm 或者直径虽小但弯度大于20°的管子，可用热调法调直。

将有弯曲部分的管子（不装砂子）放在地炉上均匀加热，或在气焊加热火口处边加热边转动，当温度升至 600～800℃（呈火红色）时，将管子移放到由四根以上管子组成的支撑面上滚动，火口在中央，使被调直管子的重量分别由火口两端的管子承担，如图 3—16 所示。支撑用的管子保持在同一水平面上，加热的管子在上面滚动，利用管子的自重或用木锤稍加外力就可以将管子调直。

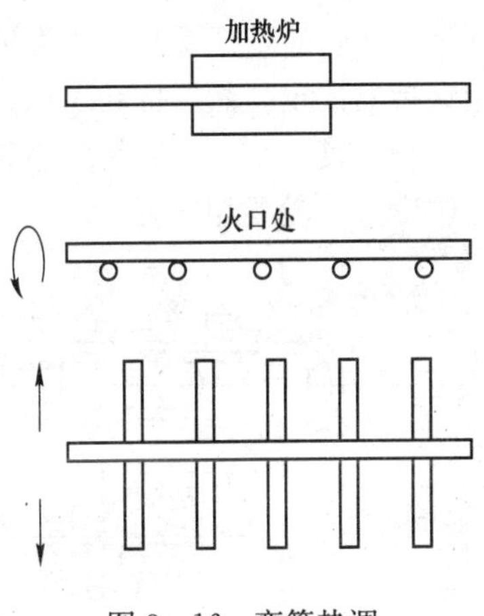

图 3—16　弯管热调

调直后，为了加速冷却，可用废机油均匀地涂抹在火口上，保持均匀冷却，防止再发生弯曲及氧化。

2. 管子弯曲

弯管是改变管道走向的管件，也是管道安装中最常用的管件之一。凡不能采用标准规格弯头的情况下，需要将管子煨制成各种角度的弯头、U 形管、来回弯和半圆弯等多种形式，如图 3—17 所示。

弯管的制作方法有冷弯、热弯、折皱弯、焊接和压制等。除压制弯头由工厂制作外，其余多为现场制作。

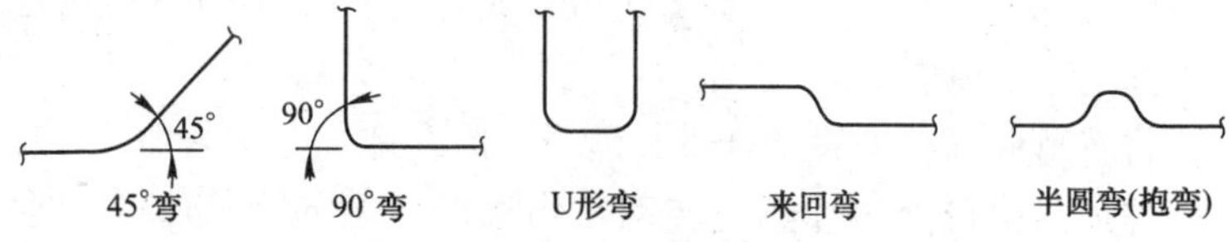

图 3—17　管子弯曲的各种形式

(1) 冷弯。在管子不加热的情况下，用专门的机具对管子进行弯曲。它不需灌砂，操作简便，只适用于弯制 DN150 以下的管子。冷弯机有手动弯管器、液压弯管器和电动弯管机。

1) 手动弯管器，如图 3—18 所示。手动弯管器一般可以弯制 DN32 以下的管子。弯管时，把要弯曲的管子插入定胎轮和动胎轮之间，一端用夹持器固定，然后推动手柄，使管子围绕定胎轮转动，直至弯成所需角度。每一对胎轮（胎具）只能弯制一种外径的管子，外径改变，胎轮要相应更换。

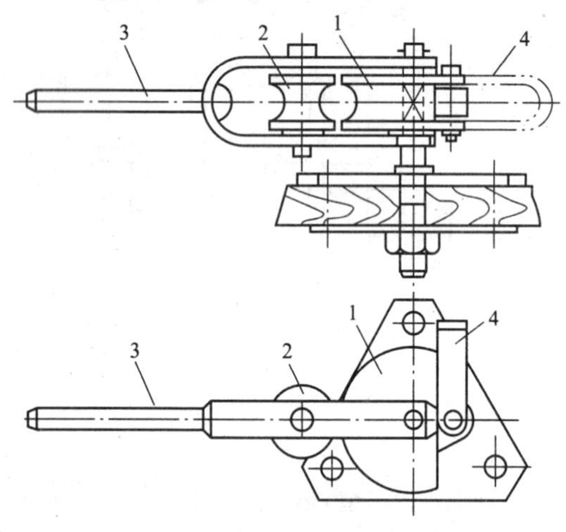

图 3—18　手动弯管器

1—定胎轮　2—动胎轮　3—手柄　4—夹持器

2) 液压弯管器，如图 3—19 所示。液压弯管器利用液压原理通过胎模进行弯管。在顶杆上装一半圆形胎模，胎模上凹槽直径与管子外径相同，在液压千斤顶作用下，顶杆伸长进行弯管。管子放在两个挡轮与胎模之间，由两块元宝形钢板支撑，上部钢板是活动的，以便装卸管子。两个挡轮的孔距可根据弯曲角度调节，液压弯管器可弯制 DN25～100 的管子。由于弯曲半径较大，操作不当时管子容易变成椭圆形，操作时要特别注意。

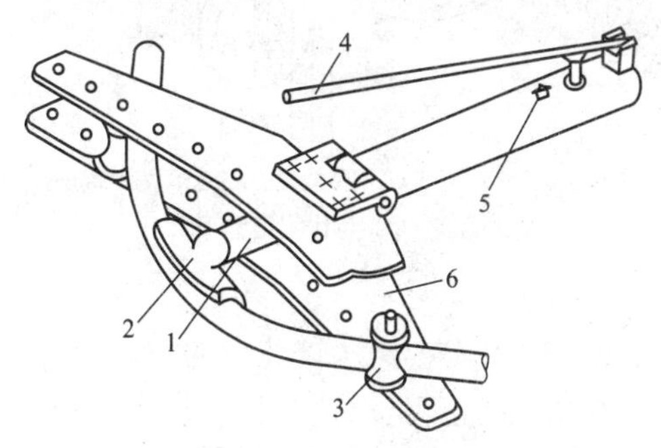

图 3—19　液压弯管器

1—顶杆　2—胎模　3—挡轮　4—手柄　5—回油阀　6—钢板

3）电动弯管机，如图 3—20 所示。电动弯管机是由电动机通过减速装置带动弯管模（动胎轮）一起做旋转运动。弯管时把管子放在弯管模和压紧模之间，调整导向模，使管子处于弯管模与压紧模公切线的位置，并使管子弯曲部位的起点对准切点，再用 U 形卡将管子卡在弯管模上，然后启动电动机开始弯管工作，弯至需要角度后，停转电动机，拆出 U 形卡，松开压紧模，取出弯管，即完成弯管工作。电动弯管机配有各种尺寸的弯管模，以满足弯制各种管径管子的需要。为防止弯制时管子变形，可在管内插入芯棒，并在芯棒上和管子内涂少量机油，以保持润滑。

（2）热弯。当管径较大、管壁较薄或铜管、铝管等管材需要弯曲时，使用冷弯难于满足质量要求，而用热弯（热煨）则可以解决问题。

热弯分为手工充砂热弯和机械热弯。

1）手工充砂热弯。首先，选用无锈蚀、无裂纹、无砂眼、

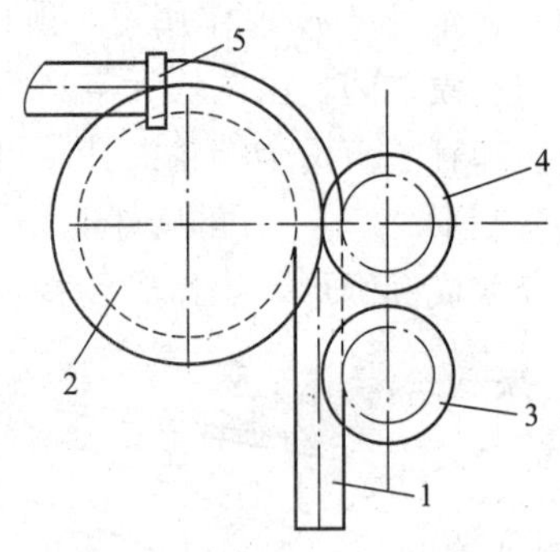

图 3—20　电动弯管机

1—管子　2—弯管模　3—导向模　4—压紧模　5—U 形卡

管壁均匀的直管，选用质量好（较纯净的河砂或海砂）、耐高温（熔点高于 1 000℃ ）、经筛选（所需粒径见表 3—9）的砂子并烘干，同时准备灌砂台、地炉和弯管平台。

表 3—9　　　　弯管用砂子粒径选用表

管径 DN（mm）	＜80	80～125	＞150
砂粒直径（mm）	2～3	4～5	6～8

其次，向管子内充砂。充砂前，先将管内清扫干净，管子一端用木塞堵住（DN100 以下）或用铁板焊死（DN100 以上），然后将管子立于灌砂台旁，用漏斗将砂灌入管内，边装边敲打振实，直到声音沉、无回音、砂面不再下沉为止，再封好上管口。充好砂的管子用白铅油画出起弯点、加热长度及弯曲中心线。

再次，加热、弯曲。管子加热一般在地炉中进行，放管前应将炉内燃料填足，炉内燃料燃烧正常以后将管子放入炉内，并不断转动管子，使受热管段加热均匀，砂子要烧透。加热时火不要过猛、过急，温度要根据管材确定，一般碳素钢管为 900～1 050℃，不锈钢管为 1 000～1 200℃，铜管为 500～600℃。表 3—10 是管子加热时的发光颜色。

表 3—10　　　　　管子加热时的发光颜色

温度(℃)	550	650	700	800	900	1 000	1 100	>1 200
发光颜色	微红	深红	樱红	浅红	橘红	橙红	绒黄	发白

加热后的管子放在多桩孔的弯管平台上。弯管平台有混凝土和铸铁两种，平台设有许多圆孔，供插入活动挡管桩，是弯管时的支撑，如图 3—21 所示。根据管径大小和弯曲角度把管子夹在两桩之间。画线标记露出挡管桩 1～1.5D，用人工或机械进行煨弯。

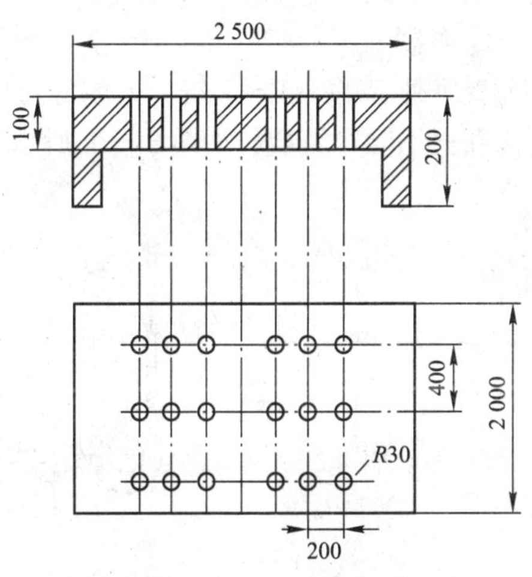

图 3—21　铸铁弯管平台

弯曲时必须抓紧时间，一次完成，以防止温度下降。对不需要弯曲的管段用冷水冷却，在挡管桩和管子之间垫上木板或钢板。弯曲时，用力要均匀，管子中心线应与拉力方向垂直。弯好的管段按样板形状进行检查，样板放在管子的中心线处，对达到标准的弧段用冷水冷却。由于管子冷却后，往往会略微自行回弯，为保证所需要的弯曲角度，在煨弯时应比样板过弯 3°～5°。煨弯完成后，在热状态下管壁慢慢冷却为宜，并在弯曲部位涂少许机油，防止管壁氧化生锈。

最后，倒砂和对已弯制的管子进行质量检查。管子冷却后，把砂子倒出，用锤子轻轻敲打使砂子倒净，也可用压缩空气将砂吹净。倒出的砂子放在干燥处，以备下次使用。弯制好的管子要检查其弯曲半径偏差、圆度、平面度是否符合要求。

2）机械热弯。目前使用的中频感应电热弯管机和氧乙炔火焰弯管机比较先进，它不需充砂，煨制的弯管质量好。中频感应电热弯管机以中频电磁场加热管壁，同时用机械拖动旋转，喷水冷却，弯管工作可连续进行。此设备可弯制 ϕ325 mm×10 mm 的弯头，弯曲半径可小到管子外径的 1.5 倍。

火焰弯管机能煨制 ϕ76～426 mm，壁厚 4.5～20 mm 的钢管，弯曲半径为管子外径的 2.5～5 倍。火焰弯管机由齿轮传动系统、弯管机构和火焰圈等组成，如图 3—22 所示。

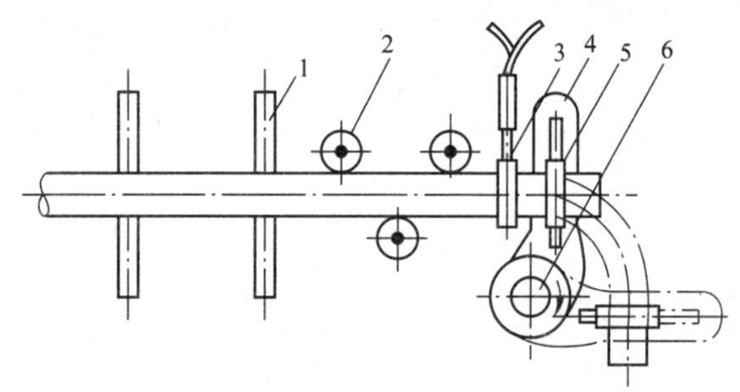

图 3—22　火焰弯管机示意图

1—托滚　2—靠轮　3—火焰圈　4—拐臂　5—夹头　6—主轴

将管子放在托滚上，由三个靠轮控制管子横向移动，拐臂固定在主轴上，带有长孔，便于夹头调整安装位置，夹头距主轴水平距离按弯曲半径确定，夹头的规格根据管径确定。弯管前装好火焰加热器，调整氧气、乙炔的混合比例及冷却水量，夹紧卡头，点燃火焰圈，当管子烧红后，启动电动机进行弯管，弯曲角度可由台面上的刻度盘来控制。

三、管子的切断

在管道安装前，需要按所需长度切断管子，常用的方法有锯割、刀割、磨割、气割、錾切等。施工时可根据现场情况和管子的不同材质、规格加以选用。

1. 锯割

锯割是最常用的一种切割方法，适用于各种金属管材、塑料管材。

（1）手锯由锯弓与锯条组成，如图 3—23 所示。锯弓似枪柄状，使用时左手放在锯弓前端上方，右手握住后部锯柄。锯条分粗齿和细齿，细齿条使用时，省力但切断速度慢，适用于管壁薄、材质硬的金属管道；粗齿条使用时，费力但切断速度快，适用于有色金属管、塑料管和直径较大的碳钢管。

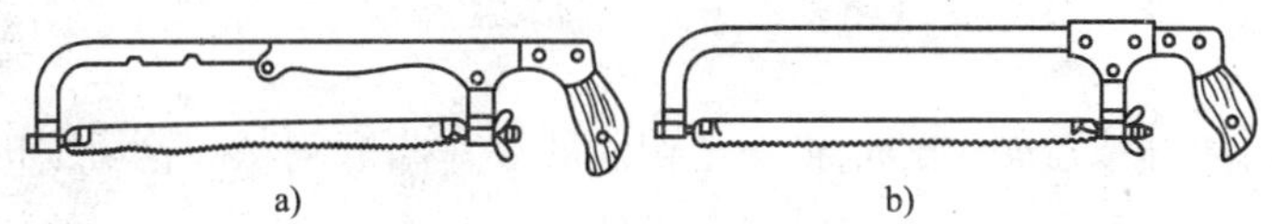

图 3—23　手工钢锯架

a）活动锯架　b）固定锯架

锯割管时，将被切的管子固定在管子台虎钳上，用齐口样板沿管子周围画出切割线，然后用锯对准切割线进行切割。切割时，锯条要保持与管子轴线垂直，并在切口处加些机油。锯割时应锯到管子底部，不可备少许剩余部分进行折断。

（2）机械锯有往复式弓锯床和圆盘式机械锯两种。前者可切断 DN220 以下的各种金属管、塑料管等，后者适用于切割有色金属管及塑料管。切割时，要将管子垫稳、放平、夹紧，然后用锯条（锯盘）对准切断线锯割。管子快锯断时，要适当降低速度，注意安全。

2. 刀割

刀割是用割管器（又称管子割刀）切断管子，如图 3—24 所示。它可切断 DN100 以内的钢管。割管器由滚刀、刀架与手把等组成，操作方便、速度快、切口平整，在施工中普遍使用。

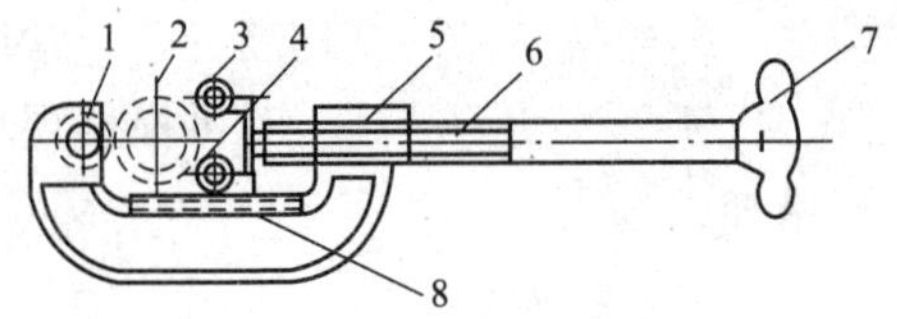

图 3—24　割管器

1—切割滚轮　2—被割管材　3—压紧滚轮　4—滑动支座

5—螺母　6—螺杆　7—手把　8—滑道

切断管子时，先把管子固定好，然后将切割滚轮对准切割线，拧动手把，使压紧滚轮夹紧管子，然后转动螺杆，切割滚轮即沿管壁切入。同时，沿管子四周边转动割管器，边旋紧螺杆，切割滚轮不断切入管壁，直到割断为止。刀割后，须用绞刀插入管口，刮去其管径缩小部分。

3. 磨割

用高速旋转的砂轮将管子切断的操作叫磨割。砂轮切割机如图 3—25 所示，砂轮切割机装有直径 400 mm、厚 3 mm 的砂轮片。被切割的管材用夹钳夹紧，切割时握紧手柄、打开电源开关，稍微用力压下砂轮片，便可进行摩擦切割。松开手柄，关闭电源，停止磨割。此设备效率高、速度快，能切断 DN80 以下的管子，对不锈钢管和高压管的切断尤为适合。

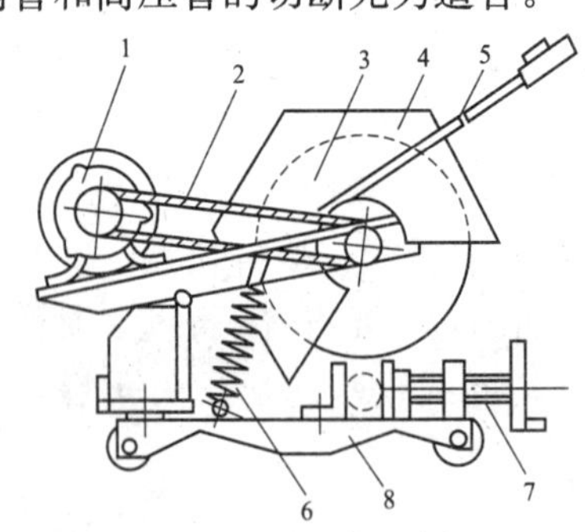

图 3—25　砂轮切割机

1—电动机　2—皮带　3—砂轮片　4—护罩

5—带开关的操纵杆　6—弹簧　7—夹钳　8—底座

在切割时，要注意用力均匀和控制好方向，不可用力过猛，防止使砂轮片折断而飞出伤及人体，更不可用飞转的砂轮片磨制钻头、刀片、钢筋头等，以免发生人身伤亡事故。断管后用锉刀锉除管口的飞边和毛刺。

4. 气割

气割又叫火焰切割，使用割炬（割枪）进行。它是利用氧乙炔焰先将金属加热到燃点温度，然后开放高压氧，使金属剧烈氧化成熔渣，并从切口处吹除，从而把管子切断。

气割的效率高、设备简单、操作方便，并能在各种位置进行切割，常用于碳钢管、低合金管、铝管及各种型钢的切割，对不锈钢管、铜管一般不用气割方法切割。

切割前，首先在管子上画好线，将管子垫平、放稳，管子下方要留有空间，便于熔渣的吹出和防止损坏混凝土地面。割断后要用锉刀、扁錾或手砂轮清除管口的薄膜，使之平滑、干净，同时应保证管口端面与管子中心线垂直。

四、管件制作

管道系统是由管子、管件（如弯头、三通）和附件（如阀门、水表）组成。附件由生产厂家生产，设计人员选用，备齐后由工人按施工图绘制的位置进行安装。而管子、管件则需要工人看懂施工图后，按照图样要求进行预制加工。有一部分管件是标准件，也可以不事先加工，仅在安装时把它和已加工好的管子连接起来。在没有标准管件时，还需要完成部分管件的制作工作。

管道安装中，在管路转弯、分支、变径时需要相适应的管件来满足其变化要求。标准管件可以在市场购买，而非标准管件则需自行加工制作。下面介绍几种施工中常用管件（弯头、变径管和三通）的制作方法。

1. 弯头制作

弯头是改变管路走向的管件，可分为光滑弯管和焊接弯头两种。制作弯管，先要确定弯曲半径。对于弯曲半径，从减小管子变形来说，选大些为宜；从便于安装、减小占地面积和美观来说，则小些为宜。所以，弯曲半径选择时，应在允许范围内选得小些。

弯曲半径通常用管子公称直径或外径的倍数来表示。一般规定钢管热弯时，弯曲半径不小于管子外径的 3.5 倍，冷弯时不小于管子外径的 4 倍，焊接弯头不小于管子外径的 1.5 倍，冲压弯头不小于外径。

（1）光滑弯管。光滑弯管制作一般采用冷弯和热弯。下面介绍光滑弯管热弯时加热长度的计算方法。如图 3—26 所示，图中 L_1 一般不小于 400 mm，从起弯点 A 画出加热长度 L，其计算方法是：

1）90°弯管长度计算。管道弯曲部分（即从 a 点到 b 点）的弧长就是以 R 为半径所画圆周长的 1/4，即：

$$\overset{\frown}{ab}=\frac{2\pi R}{4}=1.57R$$

也就是说，90°弯管变曲部分的展开长度为弯曲半径的 1.57 倍。

2）任意弯的计算。任意弯曲半径和任意弯曲角度的弯管，其弯曲部分的长度计算公式为：

$$L=\frac{\pi\alpha R}{180}=0.0175\alpha R$$

式中 π——圆周率，取 3.1412；

α——弯曲角度；

R——弯曲半径。

另外，在计算 90°弯头时，“0.86 画线法”也是常用的方法，如图 3—27 所示。由于金属管材在弯曲时会产生延伸，需把弯曲的长度扣除管子外径 D 乘上系数 0.86，根据所得的长度，以 B 为起点，以 $L/2$ 长两边截取，量出加热长度 L（$L=1.57R$）。

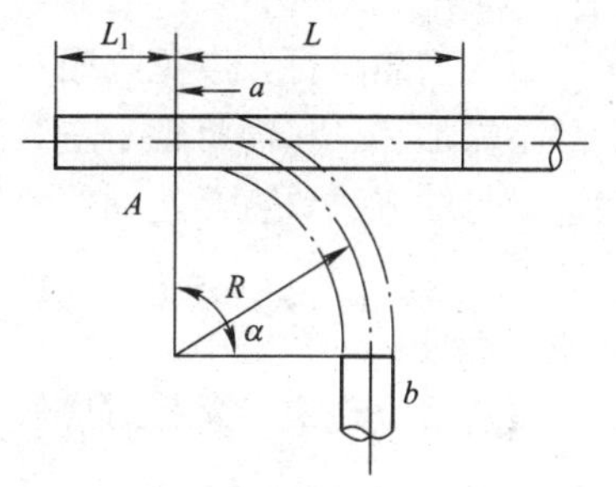

图 3—26　90°弯管加热长度计算

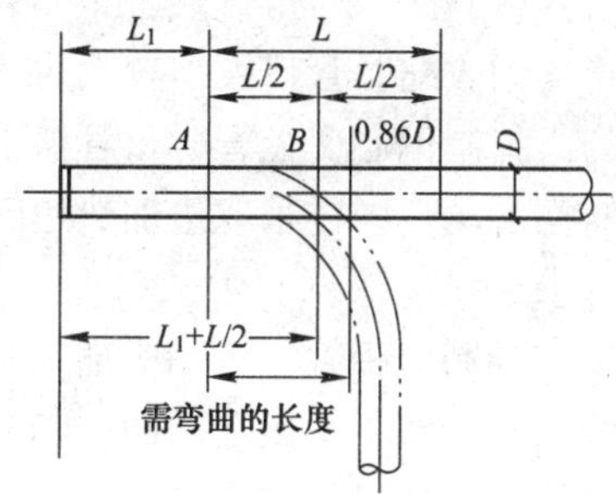

图 3—27　0.86 画线法

（2）焊接弯头。焊接弯头（俗称虾米弯）是由若干节端面为斜截面的直管段构成的，含有两个端节（现场称为平头）及若干个中间节。端节长度为中间节的一半，中间节两端须带有斜截面，以便于焊接。每个弯头的节数不应少于表 3—11 所列的最小节数。端节和中间节可根据展开图，先做出样板，根据样板在管子上画出切割线，切断成若干节后进行拼焊。

表 3—11　　　　　焊接弯头的最小节数

弯头角度	节数	中间节	端节
90°	4	2	2
60°	3	1	2
45°	3	1	2
30°	2	0	2

2. 变径管制作

当管道需要改变管径时，要使用变径管。变径管俗称“大小头”，有同心和偏心之分，应根据设计、施工要求来选用。

变径管的制作有以下两种方法：

（1）摔管法。这种方法比较落后，但在施工中，由于制作简单方便，所以仍在普遍使用。加热摔制大小头（也称缩口），就是将管子需缩口的一端，用氧乙炔焰加热至呈浅红色（800℃左右），用锤子敲打，边锤击边转动管子，由大头到小头，使变径管均匀收缩。管口收缩较大时，应分数次加热敲打，以免收缩不匀。摔制偏心变径管时，管壁下半部不需加热，只需将管子左右摇摆转动，同样采取边加热边转动边敲打的方法，直至达到偏心要求。

摔制变径管，管端应加工平整便于做坡口，管壁厚薄要注意均匀，管壁不得出现凹面。加热时不得有过烧现象，敲打时应快打快成，尽可能减少加热时间和次数。

摔制变径管，管口收缩限度为：50 mm 可缩到 15 mm，而 100 mm 只能缩到 65 mm。摔管法的加热长度应大于大、小管径之差的 2.5 倍。

（2）抽条法。当管径变化幅度较大，应采用抽条法加工变径管。此法是按一定的宽度和长度将管子切掉一部分，剩下的部分合拢敲圆，焊后即为小头。

1）同心变径管的制作。同心变径管的展开图如图 3—28 所示。其中，抽条宽度 A 和 B、抽条长度 L 可按下式计算：

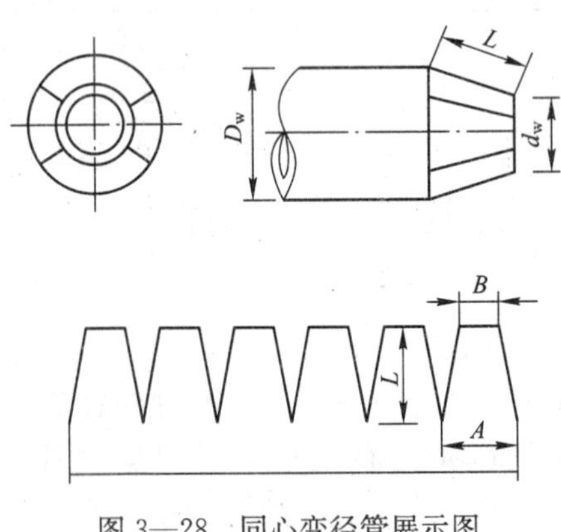

图 3—28　同心变径管展示图

$$A=\frac{\pi D}{n}$$

$$B=\frac{\pi d}{n}$$

$$L=(3\sim4)(D-d)$$

式中 D——大管外径，mm；

d——小管外径，mm；

n——分瓣数，一般取 4～8 瓣。

2）偏心变径管的制作。偏心变径管的制作与同心变径管基本相同，其区别在于偏心变径管的管壁向一侧倾斜，不等分地分瓣，割掉三角部分，将余下部分敲打合拢，焊接成偏心变径管。

将同心、偏心变径管的放样展开图剪下，围在大管径管口处，画出抽条切割线，即可进行切割，加热收口，检查无误后进行焊接。

3. 三通制作

当管道需要分支时，一般使用三通。三通种类很多，下面介绍常用三通的制作方法。

异径直交三通又称异径正三通，它由两段不同直径的圆管垂直相交而形成，图 3—29 所示为异径正三通的立体图和投影图。其展开图的作图步骤，如图 3—30 所示。

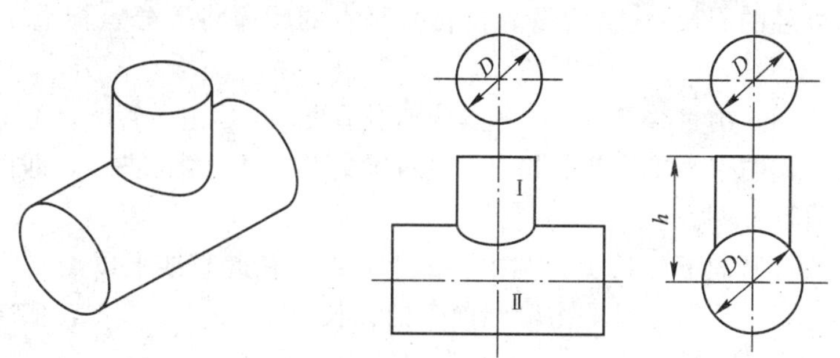

图 3—29 异径正三通的立体图和投影图

（1）根据主管（管Ⅱ）及支管（管Ⅰ）的外径，在一根垂直轴线上画出大小不同的两个圆（主管画成半圆即可）。

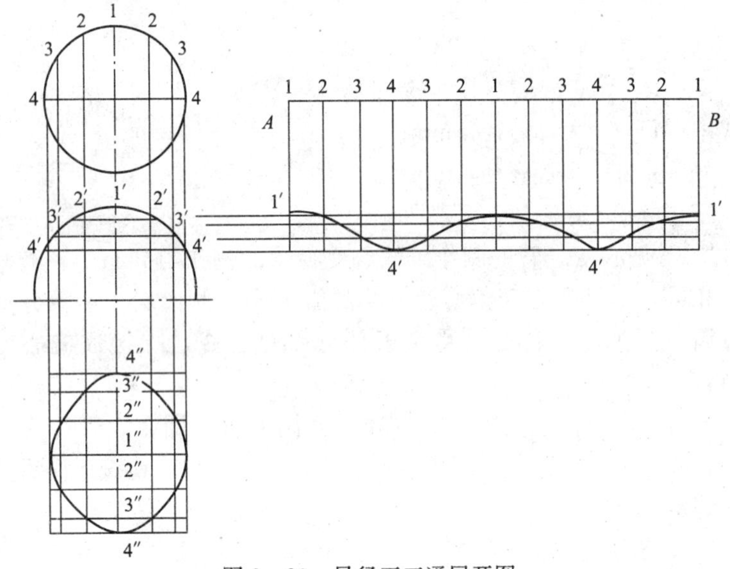

图 3—30　异径正三通展开图

(2) 将支管上半圆六等分，标上 4、3、2、1、2、3、4，然后从各等分点向下引垂直线与主管半圆相交，得相应交点 4′、3′、2′、1′、2′、3′、4′。

(3) 由支管外径 4—4 向右引水平线 AB，在 AB 线上量取支管外径的周长并 12 等分，按自左至右的顺序将等分点标上 1、2、3、4、3、2、1、2、3、4、3、2、1。

(4) 由直线 AB 上的各点分别引垂线，然后由主管圆弧上各交点向右引水平线与之相交，将对应交点连成光滑的曲线，即得支管展开图。

(5) 向下延长支管圆中心的下垂线，在此直线上以点 1″为中心，上下对称量取主管圆周上的弧长 1′2′、2′3′、3′4′，依次得交点 4″、3″、2″、1″、2″、3″、4″。

(6) 通过这些交点作垂直于该线的平行线。同时，将支管半圆上的六根等分垂直线延长与这些平行线相交，用光滑曲线连接各相应交点，即成主管上开孔的展开图。支管、主管样板制成后，先在主管和支管上画出定位十字线，分别把主管、支管样板中心对准管子中心线划出切割线。切割应根据坡口的要求进行，支管上全部要做坡口，如图 3—31 所示，坡口的角度在角焊处（图中 A 节点）为 45°，对焊处（图中 B 节点）为 30°，从角焊处向对焊处逐渐缩小坡口角度，均匀过渡。

主管开孔处不全做坡口，在角焊处不做坡口，在向对焊处伸展的中心点处开始做坡口，到对焊处为 30°。

开孔时，一定要注意开孔尺寸是支管的内径，如果支管直径小于主管的 1/3，可将支管插入主管孔内，用在主管孔上做坡口的方法组对，但支管管端应与主管内壁相平，不得将支管管端伸入主管腔内。

焊接三通时，应使用活动角尺检查角度，确认符合要求后再进行焊接。若有较小误差，可进行修整。

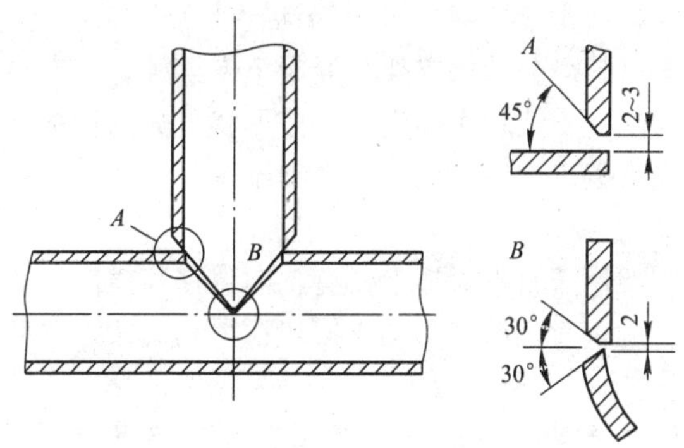

图 3—31　同径正三通组对示意图

第四单元　管道及仪表附件的安装

模块一　管道支、吊架的安装

一、管道支架的作用

管道支架的作用是支撑管道，并限制管道的变形和位移。它是管道安装工程中的重要构件之一。

二、管道支架的分类

常用的管道支架按用途可分为活动支架、固定支架两大类。管道支架按材料可分为钢支架和混凝土支架等。按支架的力学特点，可分为刚性支架和柔性支架。按形状可分为悬臂支架、三角支架、门型支架、弹簧支架、独柱支架等。

1. *活动支架*

活动支架用于水平管道上，有轴向位移和横向位移，但没有或只有很小的垂直位移。活动支架包括滑动支架、滚动支架、悬吊支架等。

（1）滑动支架。滑动支架分低滑动支架和高滑动支架两种，如图 4—1 所示，低滑动支架又可分为两种形式，即滑动管卡和弧形板滑动支架。

1）滑动管卡（简称管卡），适用于室内采暖及供热的不保温管道。制作管卡可采用圆钢和扁钢，支架横梁可采用角钢或槽钢。

2）弧形板滑动支架，适用于室外地沟内不保温的热力管道以及管壁较薄且不保温的其他管道。

弧形板滑动支架在管子下面焊接弧形板块，目的是防止

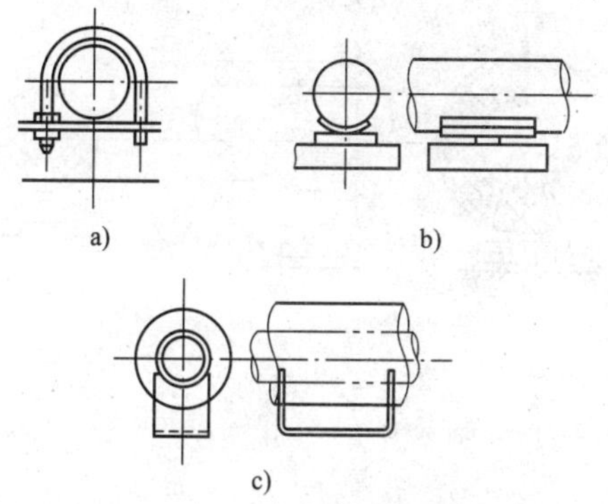

图 4—1　滑动支架

a）滑动管卡　b）弧形板滑动支架　c）高滑动支架

管子在热胀冷缩的滑动中与支架横梁直接发生摩擦而使管壁变薄。

3）高滑动支架，适用于保温管道。管子与管托之间用电焊焊牢，而管托与支架横梁之间能自由滑动，管托的高度应超过保温层的厚度，以确保带保温层的管子在支架横梁上能自由滑动。

导向支架是滑动支架中的一种。导向支架是防止管道由于热胀冷缩在支架上滑动时产生横向偏移的装置。制作方法是在管子托架两侧各焊接一块长短与管托长度相等的角铁，留有 2～3 mm的间隙，使管子托架在角钢制成的导向板范围内自由伸缩，如图 4—2 所示。

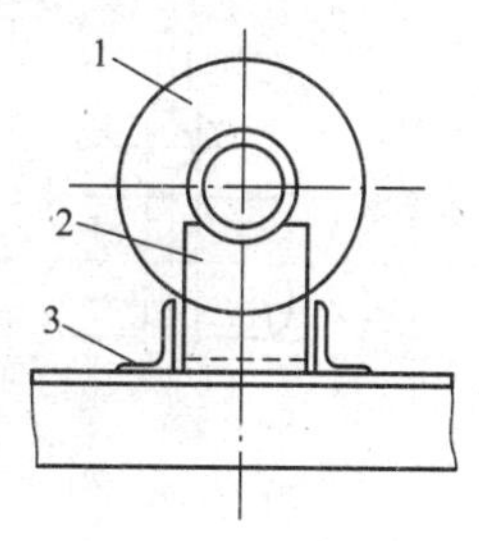

图 4—2　导向支架

1—保温层　2—管子托架　3—导向板

（2）滚动支架。滚动支架分为滚珠支架和滚柱支架两种，主要用于大管径且无横向位移的管道。两者相比，滚珠支架可承受较高温度的介质，而滚柱支架对管道的摩擦力则较大一些，如图 4—3 所示。

（3）悬吊支架（吊架）。吊架分为普通吊架和弹簧吊架两种。

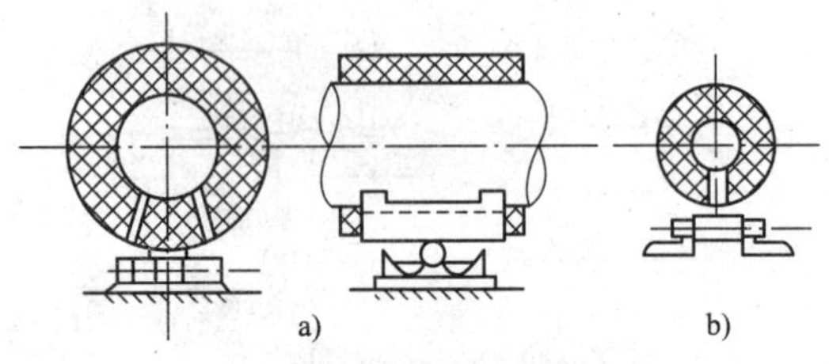

图 4—3　滚动支架

a）滚珠支架　b）滚柱支架

普通吊架由卡箍、吊杆和支承结构组成，如图 4—4 所示。普遍吊架用于口径较小、无伸缩性或伸缩性极小的管路。

弹簧吊架由卡箍、吊杆、弹簧和支撑结构组成，如图 4—5 所示。弹簧吊架用于有伸缩性及振动较大的管道。吊杆长度应大于管道水平伸缩量的数倍并能自由调节。

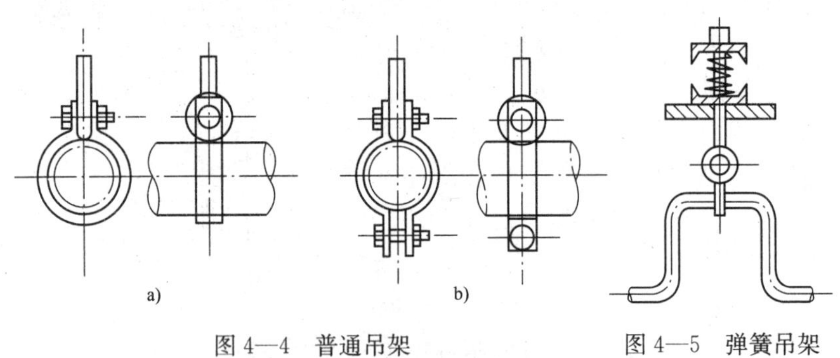

图 4—4　普通吊架　　图 4—5　弹簧吊架

2. 固定支架

固定支架的作用是均匀分配补偿器间管道的热伸长量，保障补偿器的正常工作，防止因承受过大的热应力而引起管道破坏或较大程度的变形。固定支架的形式如图 4—6 所示。

固定支架种类很多，构造有繁有简，施工中如需制作固定支架，应按有关标准图或施工图制作。

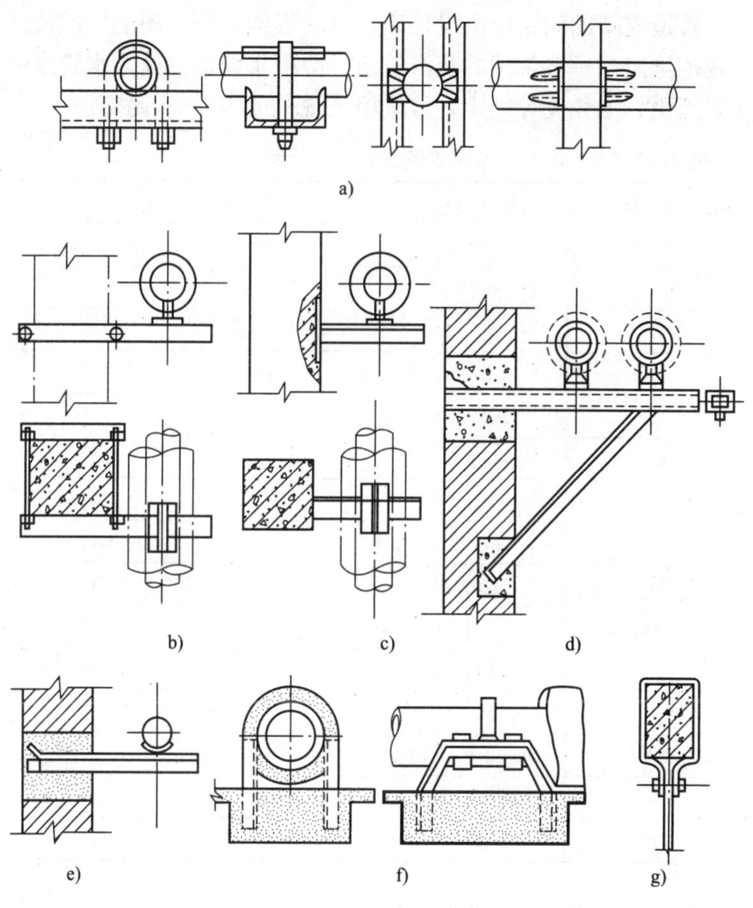

图 4—6 固定支架

a）在梁上 b）抱柱子 c）焊在预留板上 d）埋入墙内

e）埋入墙内 f）在基础上 g）吊在梁上

三、支架安装前的准备工作

支架安装前，应对支架的安装间距加以考虑。支架用于承托管道，如果间距过大，则会因管道自身重力（包括介质、保温层的重力）使管道产生过大的弯曲应力，而破坏管道或导致局部坡度反向。

管道支架的间距应由设计确定（一般标在施工图上）或按施工规范选定。一般常用的蒸汽管道、冷凝水管道以及热水管道的支架间距，如无设计规定，可按施工规范或表 4—1 确定。

表 4—1　　常用管道支架最大间距

公称直径（mm）	无缝钢管规格（mm）	支架间距（m）	
		不保温	保温
15	ϕ18×3	2.5	2
20	ϕ25×3	3	2.5
25	ϕ32×3.5	3.5	2.5
32	ϕ38×3.5	4	2.5
40	ϕ45×3.5	4.5	3
50	ϕ57×3.5	5	3
70	ϕ76×4	6	4
80	ϕ89×4	6	4
100	ϕ108×4	6.5	4.5
125	ϕ133×4	7	6
150	ϕ159×4.5	8	7
200	ϕ219×6	9.5	7
250	ϕ273×8	11	8
300	ϕ325×8	12	8.5

支架安装前，还应特别注意对支架质量的检查：外形尺寸是否符合设计要求，各焊接点是否牢靠，是否有漏焊或焊接裂纹等缺陷。

支架安装的位置要符合施工图设计的标高和间距以及管道的坡度要求。对于有坡度的管道，应根据两点间的距离和坡度大小，算出两点间的高度差，然后用拉线（或经纬仪）定出确切位置。一般情况下，室外管道支架允许偏差为±10 mm，室内管道支架允许偏差为±5 mm，但在同一管线上，支架允许偏差应为同一个标准。

四、支架安装的常用方法

1. 沿墙栽埋法固定

沿墙栽埋法固定是将管道支架埋入墙内（栽埋孔在土建施工时预留），一般埋入部分不得少于 150 mm，并应开脚。栽埋支架后，用高于 C20 的细石混凝土填实抹平。栽埋时，应注意使支架横梁保持水平，顶面应与管子中心线平行，如图 4—7 所示。

2. 预埋钢板焊接固定

如果是钢筋混凝土构件上的支架，应在土建浇注时预埋钢板，待土建拆掉模板后找出预埋件并将表面清理干净，然后将支架横梁或固定支架焊接在预埋钢板上，如图 4—8 所示。

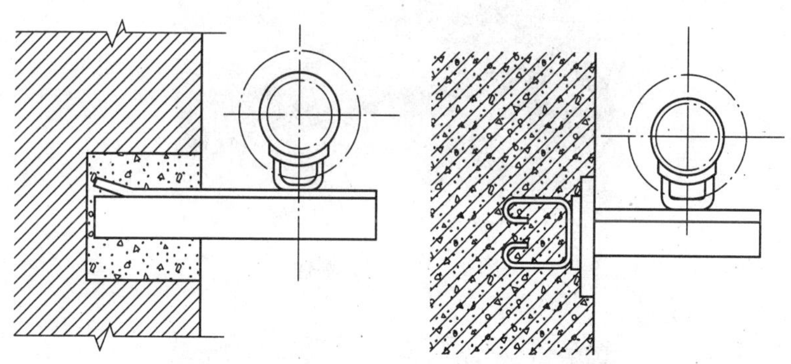

图 4—7　沿墙栽埋法固定　　图 4—8　预埋钢板焊接固定

3. 射钉和膨胀螺栓固定

在建筑结构上安装支架还可采用射钉或膨胀螺栓固定。

在没有预留孔的结构上，用射钉枪将外螺纹射钉射入支架安装位置，然后用螺母将支架固定在射钉上，如图 4—9 所示。国产射钉枪可发射直径为 8～12 mm 的射钉。

膨胀螺栓是由尾部呈锥形的螺杆、尾部开口的套管和螺母三部分组成，如图 4—10 所示。四片式带六角膨胀螺栓如图 4—11 所示。

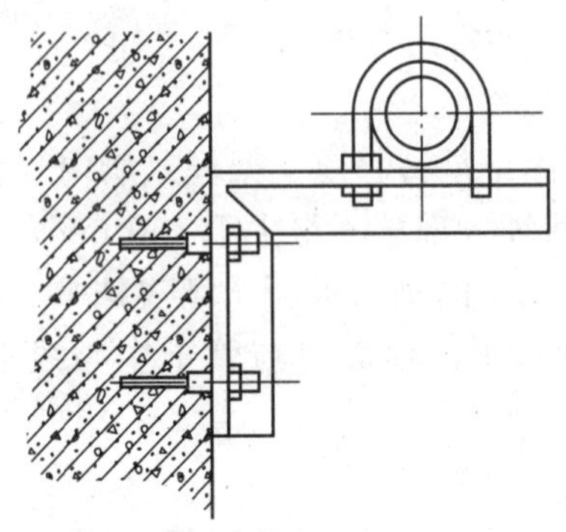

图 4—9　射钉固定

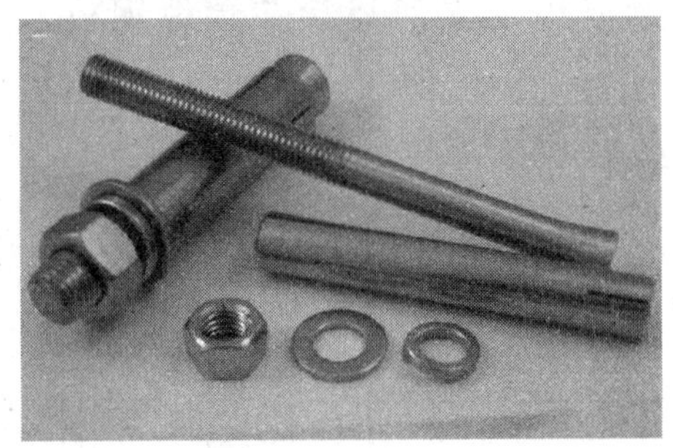

图 4—10　膨胀螺栓

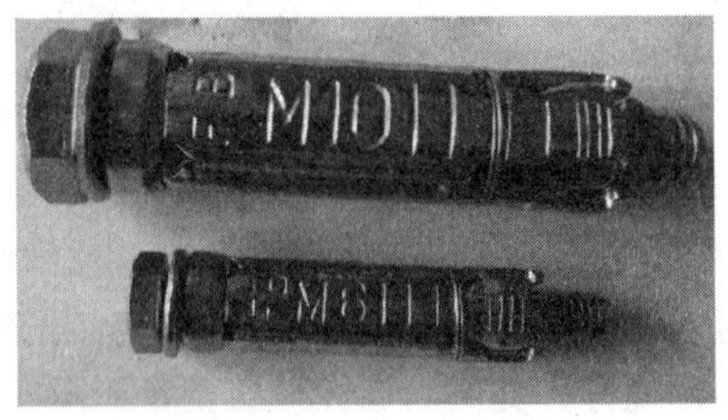

图 4—11　四片式带六角膨胀螺栓

螺栓常用规格有 M8、M10、M12 三种。用膨胀螺栓固定支架时，必须先在结构上安装螺栓的位置钻孔。

钻孔可用装有合金钻头的冲击手电钻或电锤进行。钻成的孔必须与结构表面垂直，孔的直径与膨胀螺栓套管外径相等，深度为套管长度。装膨胀螺栓时，把套管套在螺杆上，套管的开口端朝向螺杆的锥形尾部，然后打入已钻好的孔内，到套管端面与结构表面齐平时，装上支架，垫上垫圈，用扳手将螺母拧紧。随着螺母的拧紧，螺杆被向外抽拉，螺杆的锥形尾部就把开口的套管尾部胀开并紧紧地卡住孔壁，将支架牢牢地固定在结构上，如图4—12 所示。

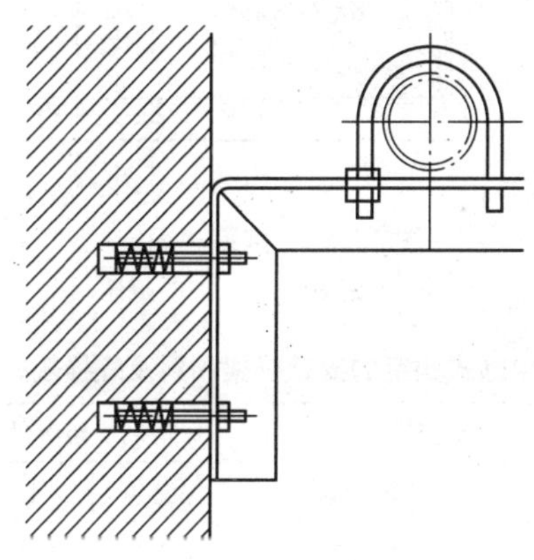

图 4—12　膨胀螺栓固定

表 4—2为膨胀螺栓固定于混凝土墙体上所承受的最大拉力，以及膨胀螺栓安装用钻头的选用参数。

表 4—2　　膨胀螺栓最大拉力及钻头选用参数

膨胀螺栓规格	M6	M8	M10	M12	M14	M16
承受最大拉力（N）	500～600	600～800	1 000～1 200	1 200～1 400	1 200～1 400	1 400～1 600
所配钻头直径（mm）	8.0	10.5	13.5	17.0	19.0	22.0

4. 抱箍式固定

沿柱子安装管道支架时可以采用抱箍式固定，如图 4—13 所示。支架横梁用料及螺栓规格见表 4—3。

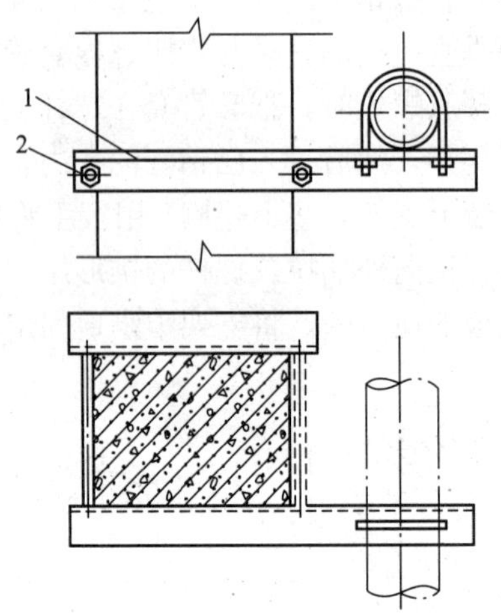

图 4—13　抱箍式固定

1—支架横梁　2—双头螺栓

表 4—3　　抱箍式固定的支架横梁用料及螺栓规格　　　mm

管子直径	固定支架横梁		滑动支架横梁		双头螺栓
	保温	不保温	保温	不保温	
15	L40×4	L40×4	L40×4	L40×4	M10
20	L40×4	L40×4	L40×4	L40×4	M10
25	L40×4	L40×4	L40×4	L40×4	M10
32	L40×4	L40×4	L40×4	L40×4	M12
40	L50×5	L50×5	L40×5	L40×5	M12
50	L50×5	L50×5	L50×5	L50×5	M12
60	L65×6	L65×5	L50×5	L50×5	M12
80	L75×6	L65×6	L65×5	L50×5	M12
100	L90×6	L80×6	L65×6	L50×5	M16
125	L90×8	L80×8	L75×6	L65×6	M16
150	L100×8	L90×8	L80×8	L75×6	M20

在木结构梁柱上安装支架也可采用抱箍式固定。用抱箍固定时，螺栓一定要拧紧，保证支架受力后不再松动。

模块二　管道的吊装

预制完成的管子需要安装就位时，其质量若过大，吊装工作超过人力所及，就需要采用起重吊装的方法。施工中，可根据管材、管径以及敷设方法采用不同的起重机具和不同的吊装方法。

一、常用起重机具

1. 千斤顶

千斤顶是一种简单起重工具，用来顶升或移动较重的设备，也可作为校正已装设备的工具，在管道施工中经常使用。

使用千斤顶时，不得超过千斤顶的允许起重质量。如果使用两个以上千斤顶共同起重时，其起重质量分配不得超过每个千斤顶的允许起重质量。另外，使用千斤顶要注意支撑面稳固可靠，千斤顶的着力点和被顶物之间要采取保护措施，防止打滑或变形。

2. 倒链

倒链又称手动葫芦或链式起重机，它由人工操作，只需1～2人即可拉动，在管道安装中，常用于起吊较大直径的管子、阀件以及小型设备。

采用倒链起重时的注意事项：使用前检查各部件是否良好，传动部分是否灵活，并加强保养；按照倒链的技术性能使用，不得超载；使用时，要挂牢，缓慢升吊重物，当物体离地后，检查状态是否正常，然后再继续操作；使用时拉链的速度要均匀，注意防止拉链脱槽，不宜长时间吊起重物停放，以防自锁失灵发生事故。

3. 滑轮

滑轮又称滑车，是一种结构简单、携带方便的起重工具，它可以独立吊装质量较小的管子和设备，更多的情况下是配合其他起重机械进行运输和起吊工作。

按滑轮的作用，分为定滑轮、动滑轮、导向轮、平衡轮、滑轮组等形式，如图 4—14 所示。

目前，国产的滑轮有 0.5～140 t 共 14 种规格，施工中可根据需要选择使用。

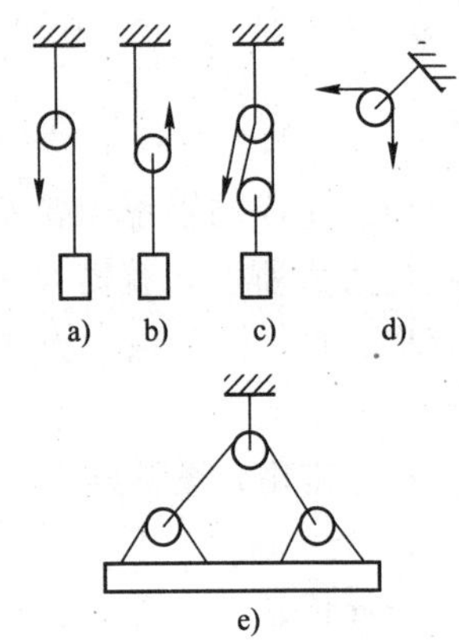

图 4—14　滑轮的类型

a）定滑轮　b）动滑轮　c）滑轮组　d）导向轮　e）平衡轮

使用滑轮及滑轮组的注意事项：使用前应查明滑轮的允许荷载，检查滑轮转动是否灵活；滑轮绳索收紧后检查各部件是否正常，有无卡绳现象；滑轮的吊钩中心应与起吊物的重心在一条垂线上，以免物体起吊后失衡；滑轮组上下滑轮之间的最小间距一般为 700～1 200 mm；滑轮使用前和使用后要刷洗干净，轮轴加润滑油。

4. 绞磨

绞磨是一种能够自行加工制作的简易的人力牵引工具，它主要用于起重质量不大、起重速度要求不快的工作中，具有移动方便、工作平稳等特点，但安全性差，属于技术落后的起重工具。

5. 卷扬机

卷扬机是一种由机架座、蜗轮减速箱、卷筒、制动装置和电气设备等部件组成的专用起吊设备，如图 4—15 所示。

它具有起重能力大、吊装速度快、操作安全等优点，因而广泛应用于建筑和设备安装工程之中。

卷扬机使用要点：不准超负荷使用；作业中严禁钢丝绳在地面上拖曳运行；卷扬机的固定应坚实牢靠，防止吊装时移动或倾斜；钢丝绳应从卷筒下方绕入，钢丝绳在卷筒上的固定应牢靠，钢丝绳在卷筒上的留余量不应少于三圈；作业前，先空车试运行

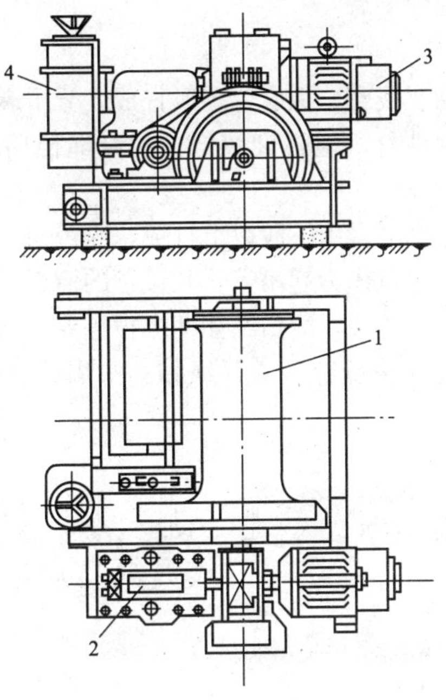

图 4—15 卷扬机

1—卷筒 2—减速箱 3—电动机 4—制动装置

几分钟，并对钢丝绳、制动器、滑轮、电气设备等的灵敏可靠性进行检查；操作者经过培训上岗，工作时精力集中，不准擅离工作岗位；作业中要听从指挥，明确信号；对卷扬机经常保养。

6. 自制起重架

在施工中，除了使用各种类型的起重机械外，还经常使用各种简易方便的自制起重架，如人字架、三角架、抱杆等。

（1）人字架是把两根杆子的上端交叉捆扎成一体，下端两腿分别叉开成人字形立于地面。人字架用料可为木杆或铁杆。

（2）三角架是将三根杆子的上端交叉捆绑成一体，下端支腿分别叉开，与地面形成不小于 60°的夹角。

二、常用起重索具

1. 麻绳

麻绳由大麻、线麻、棕麻等多股拧成，分干麻绳、油麻绳两种。油麻绳耐湿性好，但强度较低。干麻绳使用较灵活，强度较高。

一般吊装用麻绳多由三股以上拧成，它可与滑轮配对吊装较轻管子或设备，也可作为起吊管子和设备的溜绳。

在起重吊装过程中，绳索结扣捆绑很重要，既要防止重物脱口松结，又要在起吊后容易解开绳扣。常用的麻绳结扣方法如图 4—16所示。

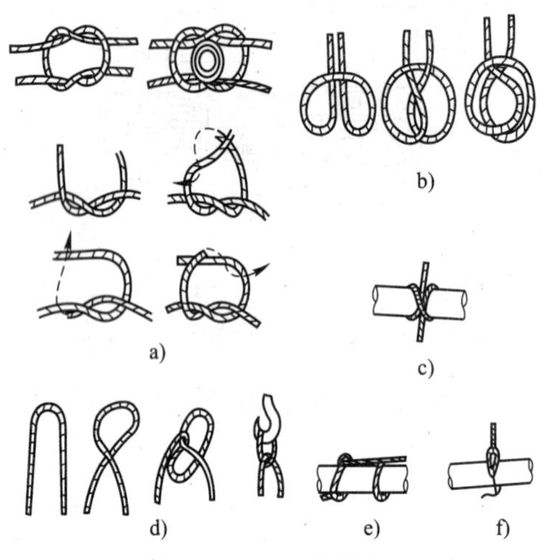

图 4—16 麻绳结扣

a）平扣 b）环扣 c）梯子扣 d）吊钩扣

e）双环绞缠扣 f）管子扣

实际操作中，有经验的操作工还能结成更多绳扣，如鲁班扣、琵琶扣、救生扣等，而且可多种类型并用。由于麻绳易磨损和腐烂，在使用前必须检查其品质。

2. 钢丝绳

钢丝绳是由若干根高强度碳素钢丝分股与植物纤维芯捻制而

成的一种绳索，在起重吊装作业中广泛使用。

钢丝绳的构造形式有多种，既有单股的，也有多股的。起重吊装作业中多用多股钢丝绳。

在起重吊装过程中，钢丝绳的固接方法和绳扣种类也很多。固接方法有楔式固接、卡子固接和锥式固接等，其中卡子固接用得较多。钢丝绳扣有平扣、绳环扣、三角扣等，如图4—17所示。

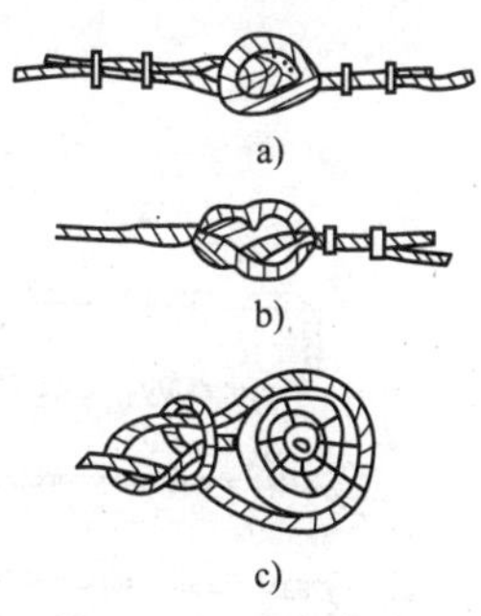

图 4—17 钢丝绳扣

a）平扣 b）绳环扣

c）三角扣

麻绳扣中的一部分也适用于钢丝绳，实际操作时可根据需要借鉴。

钢丝绳使用的注意事项：使用中不准超负荷，不准使钢丝绳呈锐角弯折，以免应力集中；不准急剧改变升降运行速度，以免产生冲击荷载，导致钢丝绳破断；钢丝绳一般不得任意切断；钢丝绳与设备、构件等的棱角接触时，应垫防护层；受力要均匀；起重时发现钢丝绳缝中有油挤压出来，说明负荷过大，应立即停止作业，调查原因。

对钢丝绳应经常清洁保养，长期不用的钢丝绳应清洗干净，涂上防锈油。

3. 吊索及其附件

吊索又叫千斤绳，俗称绳套，用钢丝绳编制而成，主要用作起重机吊装物品的悬挂绳，也可用于固定卷扬机、滑轮及倒链。

常用的吊索有环式和开式两种，如图 4—18 所示。环式吊索俗称万能索，用途广泛。而开式吊索两端有钢丝绳套，可配卡环或吊钩等附件使用。

吊索附件通常有吊钩、卡环和自制桃形环等，如图 4—19 所示。

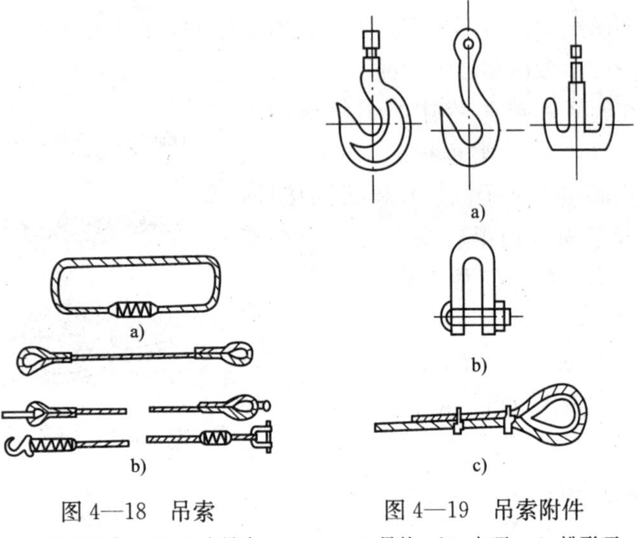

图 4—18　吊索
a）环式吊索　b）开式吊索

图 4—19　吊索附件
a）吊钩　b）卡环　c）桃形环

（1）吊钩。吊钩分单面钩和双面钩两种。双面钩可用于吊装重型或长型、大型物体。

（2）卡环。卡环常与开式吊索配合，用于捆绑物体，还可以自制桃形环。卡环有铺子环和螺旋环两种。

三、常用吊装方法

管道起重吊装的方法很多，常用的有撬重、滚动、滑动、卷拉、顶重和吊重等，但实际操作中，往往并不是某种方法单独使用，而是两种或两种以上的方法配合使用。

1. 撬重

撬重是利用杠杆原理，用撬棍把重物撬起，一般质量在 2～3 t 的物体需移动或进行高度不大的起升，均可使用此方法。在设备或管子底部安放枕木、千斤顶、滚杠等，操作中可用一根撬棍，也可几根撬棍同时使用。

2. 滚动

滚动是指在重物下面安放一组滚杠，利用外作用力使重物进行横向或纵向移动。

3. 滑动

滑动是指将重物放在滑道（轨道）上，用卷扬机或由人力牵引进行快速位移。滑动时，要注意防止重物倾斜和偏离轨道。

4. 卷拉

卷拉是指将绳索缠绕在管子上，绳索一端固定在地锚上，拉动另一端，使管子本体在绳套内滚动而卷上或放下。卷拉不宜用于较大管径的管子。

5. 顶重

顶重就是指利用千斤顶将重物顶起来，适用于提升距离不大的情况。

6. 吊重

吊重就是指利用人字架、桅杆、起重滑轮、吊车、卷扬机等起重机具，将管子或设备升高到一定的安装高度，这是起重吊装作业中的主要方法。

模块三　给水管道的安装

一、室内给水管道的安装

根据建筑物性质和卫生标准要求不同，室内给水管道敷设分为明装和暗装两种方式。

明装即管道在建筑物内沿墙、梁、柱、地板暴露敷设。这种敷设方式造价低、安装维修方便。但由于管道表面易积灰、产生凝结水而影响环境卫生和房屋美观，因此一般对卫生及美观要求不高的民用和工业建筑中多采用明装。

暗装即管道敷设在地下室、天花板下或吊顶中，或在管井、管槽、管沟中隐蔽敷设。这种敷设方式的优点是：室内整洁、美观，但它施工复杂，维护管理不便，工程造价高。标准较高的民用建筑、宾馆及工艺要求较高的生产车间内一般采用暗装。暗装时，必须考虑便于安装和检修。为了不影响建筑空间的使用和美观，给水管道不宜穿过橱窗、壁柜、木装修等。

室内给水管道安装一般是先安装房屋引入管，然后安装室内干管、立管和支管。

1. 引入管安装

引入管敷设时应尽量与建筑物外墙的轴线相垂直。为防止建筑物下沉而破坏管道，引入管穿建筑物基础时，应预留孔洞或钢套管。保持管顶的净空尺寸不小于 150 mm。预留孔与管道间空隙用黏土填实，两侧用 1∶2 水泥砂浆封口，如图 4—20 所示。引入管由基础下部引进室内的敷设方法如图 4—21 所示。当引入管穿过建筑物地下室墙壁进入室内时，其敷设方法如图 4—22 所示。敷设引入管时，应有不小于 0.003 的坡度坡向室外。引入管的埋深应满足设计要求，若无设计要求，通常敷设在冰冻线以下 20 mm，覆土深度不应小于 0.7 m。给水引入管与排水排出管的水平净距不得小于 1 m。

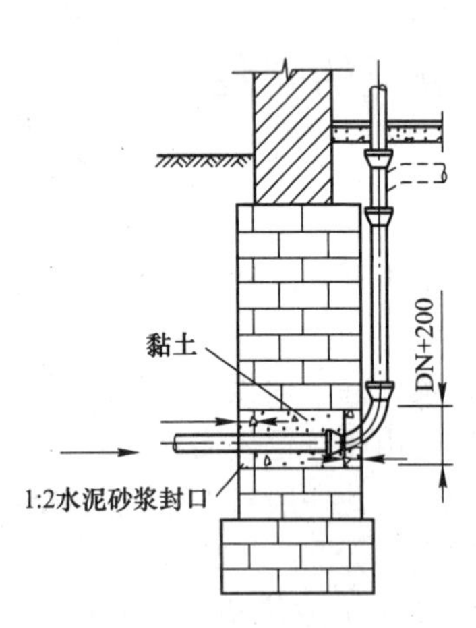

图 4—20　引入墙穿基础

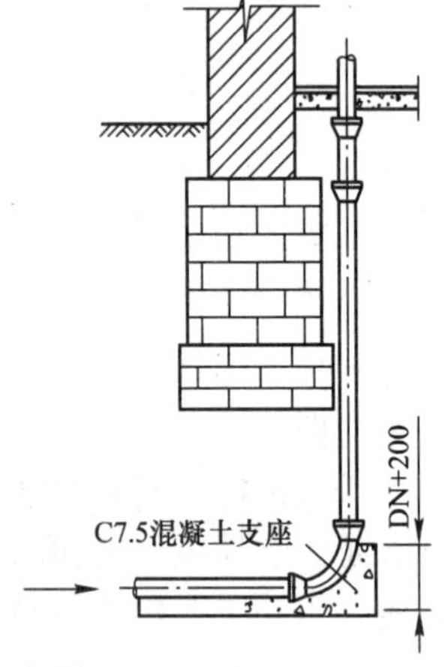

图 4—21　引入管由基础下部引进室内

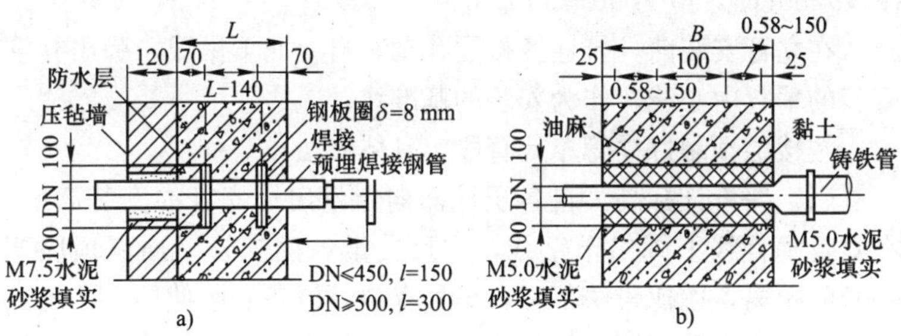

图 4—22　引入管穿过地下室墙壁

a）潮湿土壤区　b）干土壤区

2. 干管安装

明装干管，沿墙敷设时，管外皮与墙脚距一般为 30～50 mm，用角钢或管卡将其固定在墙上，不得有松动现象。

当管道敷设在顶棚里，冬季温度低于 0℃时，应考虑采取保温防冻措施。给水横管宜有 0.002～0.003 的坡度坡向泄水装置。给水管道不宜穿过建筑物的伸缩缝、沉降缝；当管道必须穿过时，需采取必要的技术措施，如安装伸缩节、安装一段橡胶软管或利用螺纹弯头短管等，如图 4—23、图 4—24 所示。

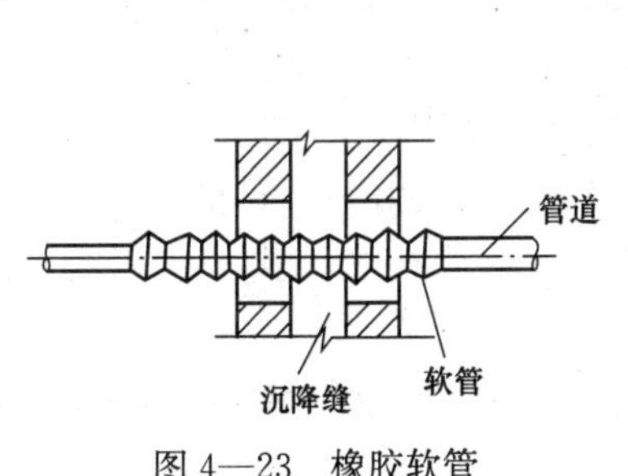

图 4—23　橡胶软管

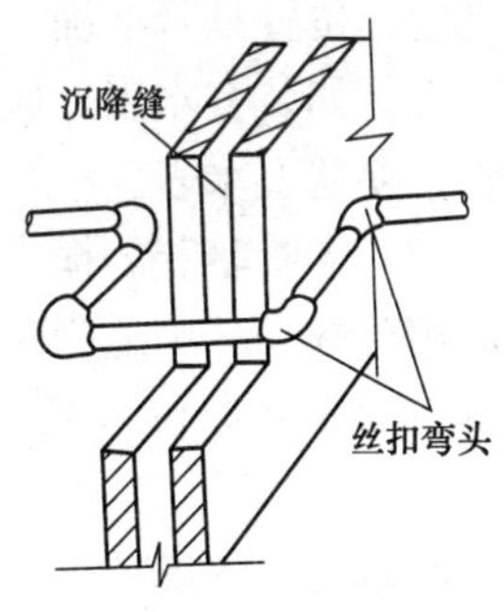

图 4—24　螺纹弯头

3. 立管安装

立管一般沿墙、梁、柱或墙角敷设。立管外皮到墙面净距离，当管径小于或等于 32 mm 时，应为 25～35 mm；当管径大于 32 mm 时，应为 30～50 mm。

在立管安装前，打通各楼层孔洞，自上而下吊线，弹出立管安装的垂直中心线，作为安装的基准线。

按楼层预制好立管单元管段，具体做法：

（1）按设计标高，自各层地面向上量出横支管的安装高度，在立管垂直线上画出十字线，用尺丈量各横支管三通（顶层弯头）的距离，用比量法下料，编号存放，以备安装使用。

（2）每安装一层立管，均应使管子位于立管垂直线上，并用立管卡子固定。立管卡子的安装高度一般为 1.5～1.8 m。校核预留口的高度、方向是否正确，支管甩口安好临时丝堵。

（3）给水立管与排水立管并行时，应置于排水立管的外侧；与热水立管并行时，应置于热水立管的右侧。

（4）立管上阀门安装朝向应便于操作和检修。

（5）立管穿层楼板时，宜加套管，并配合土建堵好预留洞。

4. 支管安装

支管一般沿墙敷设，用钩钉或角钢管卡固定。

（1）支管明装。将预制的支管从立管甩口依次逐段安装，有阀门的应将阀门盖卸下再安装。核定不同卫生器具的冷热水预留口高度、位置是否准确，再找坡找正后栽支管卡件，上好临时丝堵。支管如装有水表，应先装上连接管，试压后在交工前拆下连接管，换装上水表。

（2）支管暗装。横支管暗装在墙槽中时，应把立管上的三通口向墙外拧偏一个适当角度，当横支管装好后，再推动横支管使立管三通转回原位，横支管即可进入管槽中。找平找正定位后固定。

给水支管的安装一般先做到卫生器具的进水阀处，以下管段待卫生器具安装后进行连接。

（3）热水支管安装。热水支管穿墙处应按规范要求加套管。热水支管做在冷水支管的上方，支管预留口位置应为左热右冷。其余安装方法与冷水支管相同。

5. 水表的安装

水表是用户用水的计量工具，一定要选购国家认定的合格厂家生产制造的水表，以保证使用安全，计量准确。水表设置在用水单位的供水总管、建筑物引入管或居住房屋内。

给水管道中常用的水表有旋翼式和螺翼式两种，旋翼式水表的翼轮转轴与水流方向垂直，叶片呈水平状；螺翼式水表的翼轮转轴与水流方向平行，叶片呈螺旋状。旋翼式水表又可分为干式和湿式两种形式，干式水表的传动机构和表盘与水隔开，构造较复杂；湿式水表的传动机构和表盘直接浸在水中，表盘上的厚玻璃要承受水压，水表机件简单。一般情况下，管道公称直径小于或等于 50 mm 时，应采用旋翼式水表；管道公称直径大于50 mm时，采用螺翼式水表。在干式和湿式水表中应优先选用湿式水表。

水表安装时，应满足下列要求：

（1）应便于查看、维修，不易污染和损坏，不可暴晒，避免冰冻。

（2）安装时应使水流方向与外壳标志的箭头方向一致，不可装反。

（3）对于不允许断水的建筑物，水表后应设止回阀，并设旁通管，旁通管的阀门上要加铅封，不得随意开闭，只有在水表修理或更换时才可开启旁通阀。

（4）为保证水表计量准确，螺翼式水表前直管长度应为水表直径的 8～10 倍，旋翼式水表前应有不小于 300 mm 的直线管段。水表后应设有泄水龙头，以便维修时放空管网中的存水。

（5）水表前后均应设置阀门，并注意方向性，不得将水表直接放在水表井底的垫层上，而应用红砖或混凝土预制块把水表垫起来，如图 4—25 所示。

（6）对于明装在建筑物内的分户水表，水表外壳距墙表面不得小于 30 mm，水表的后面可以不设阀门和泄水装置，而只在水表前装设一个阀门。为便于维修和更换水表，需在水表前后安装补心或活接头，如图 4—26 所示。

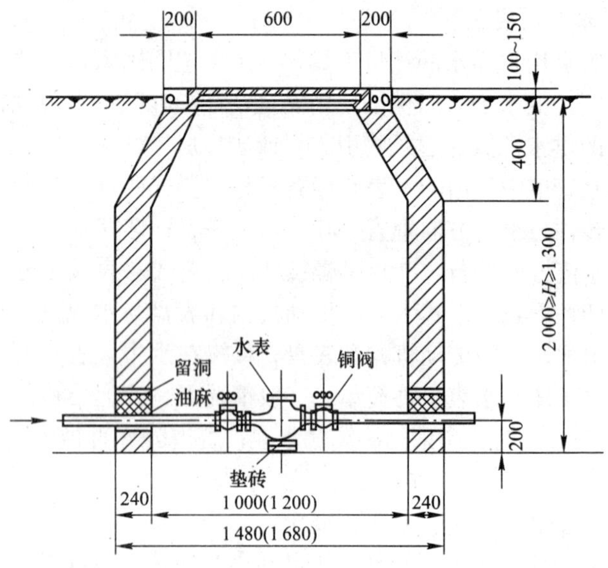

图 4—25　水表井节点安装图

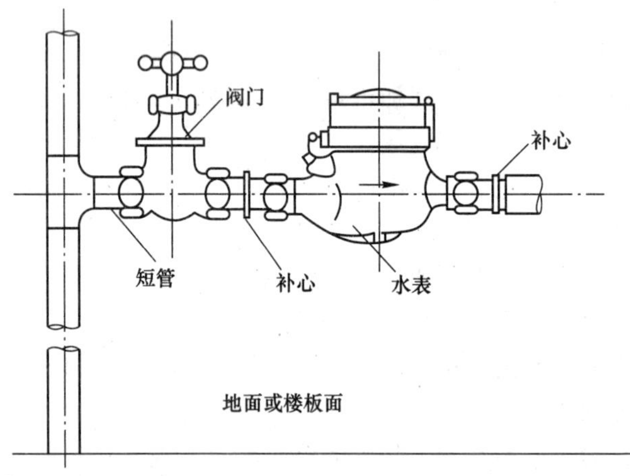

图 4—26　室内水表安装图

二、室外给水管道的安装

室外给水管道一般直接埋地敷设，其施工程序：施工准备→测量放线→沟槽开挖→下管稳管→管道连接→砌井→试压及冲洗→回填土方等。

1. 施工准备（沟槽尺寸确定）

（1）沟槽断面形式。常用的沟槽断面形式有直槽、梯形槽、混合槽及联合槽等，如图 4—27 所示。

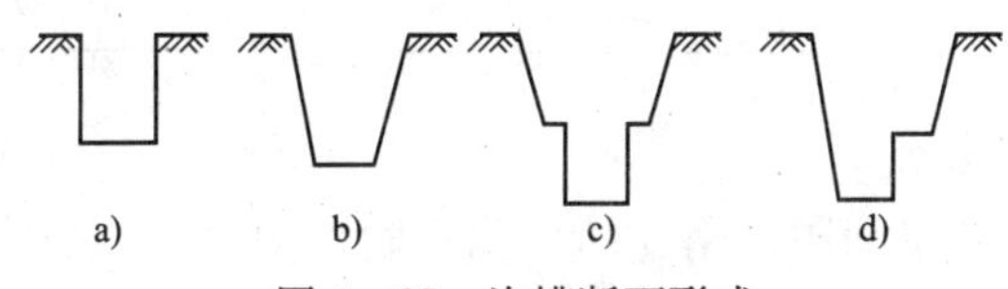

图 4—27　沟槽断面形式

a）直槽　b）梯形槽　c）混合槽　d）联合槽

沟槽断面形式依据管径大小、埋深、土质和施工条件等因素确定。

（2）沟槽底宽。沟槽底宽以 B 表示，B 值按表 4—4 经验数值选定。

表 4—4　　**沟槽底宽 B 的经验数值**　　m

管材种类 \ 管径（mm）	100～200	250～350	400～450	500～600
金属管、石棉水泥管	0.7	0.8	1.0	1.3
混凝土管	0.9	1.0	1.2	1.5
陶土管	0.8	0.9	—	—

（3）沟槽上口宽度 W。已知沟槽土质情况、沟槽底宽和边坡值（见表 4—5），可按下式计算梯形沟槽上口宽度。

$$W=B+2M$$

式中　W——梯形沟槽上口宽度，m；

B——槽底宽，m；

M——边坡值，m。

表 4—5　　　　梯形槽的边坡值

土质类别	坡　值	
	槽深 $H<3$ m	槽深 $H>3$ m
砂　土	0.75H	1.0H
亚黏土	0.50H	0.67H
亚砂土	0.33H	0.50H
黏　土	0.25H	0.33H

2. 测量放线

根据管线平面图，用经纬仪测定管道中心线，在管道分支、变坡、转弯及井室中心等处设中心桩，同时沿管线每隔 10～15 m设坡度桩。沟槽开挖前，在管道中心线两侧各量出 1/2 沟槽上口宽度，拉线撒白灰，定出管沟开挖边线，俗称放线。

（1）埋设坡度板。沟槽开挖前，由测量人员按照管线设计桩号每隔 10～15 m，并在管线转弯、分支、变坡等处埋设一块木板，木板上钉管线中心钉和高程钉，标记出桩号和井号，如图 4—28 所示，用以控制沟槽宽度和挖深。

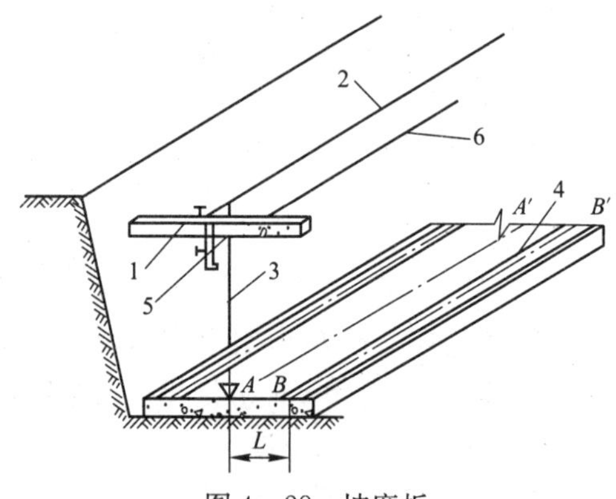

图 4—28　坡度板

1—坡度板　2—中心线　3—中心垂线　4—管基础
5—高程钉　6—坡度线

（2）沟底找坡。在各坡度板中心钉上挂线，即可确定出管道中心线 $A—A'$，用此线控制管道中心位置。

在各坡度板高程钉上挂线，线绳坡度与管道设计坡度相同，挂线高程减去下返常数即为管底设计标高，以此控制沟槽挖深和稳管高程。

3. 沟槽开挖

沟槽开挖可用人工法和机械法两种。机械法开挖测量分两步，第一步，粗钉中心桩，放出挖槽边线，挖深距管底设计标高少 20～30 cm；第二步，再测设坡度板，用人工清槽至设计标高。

4. 管道连接

由于采用管材和接口形式的不同，室外给水管道的安装程序不尽相同。现将常见给水管道安装程序简介如下。

（1）承插式刚性接口

1）普通铸铁管承插式石棉水泥接口。施工程序：挖槽→下管对口→挖工作坑→打麻及填打石棉水泥灰→试压→冲洗→回填土方。

①下管。在挖好沟槽后，经验槽合格即可开始下管。下管方法有人工压绳法（见图 4—29）和机械下管法。

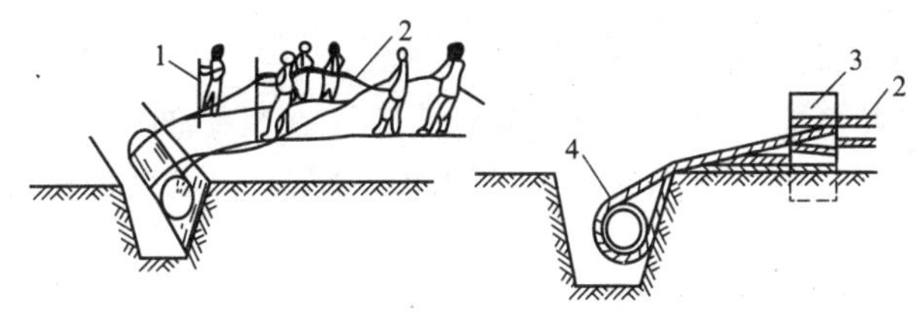

图 4—29 人工压绳法

a）撬棍压绳法 b）集中压绳法

1—撬棍 2—下管大绳 3—埋立管 4—下管

②对口。一般由人工用撬棍撞口，听到顶撞声而有回弹，其间隙值见表 4—6。可用塞尺插入承口检查对口间隙大小。同时

注意对中和对高程的要求。

③打麻及填打石棉水泥灰。用麻签打麻（或装橡胶圈）至紧密状态，再分层填打石棉水泥灰，直至灰口凹进承口 2 mm 左右为止。

表 4—6　　承插式铸铁管对口最大间隙　　mm

公称直径	直线敷设	曲线敷设
75	4	5
100～250	5	7～13
300～500	6	14～22

④试压。用湿土覆盖养护 48 h 以上，可以进行水压试验。管道上的管件、阀门与管道安装同时进行，而消火栓、排气门等附件在水压试验后再安装。各类井室在回填土方前完成砌筑。

⑤回填土方。水压试验合格后即可开始回填土方，应从管子两侧同时回填，每层摊铺厚度为 20～30 cm，边回填边夯实，直至回填至地面。

2）承插铸铁管膨胀水泥砂浆接口。接口密封填料改用膨胀水泥砂浆，避免用锤打击石棉水泥灰时的繁重体力劳动，只需分层填入膨胀水泥砂浆，分层捣实即可。

膨胀水泥砂浆配比为膨胀水泥∶砂∶水＝1∶1∶0.3。随拌随用，半小时内用完。

3）青铅接口内填油麻，外填青铅。在打好油麻后，将铅熔化，灌入承口内，凝固后，卸下卡箍，用铅錾捻打，直至铅表面平滑。

（2）承插式柔性接口

1）承插式球墨铸铁管接口。

准备工作：

①检查管材有无损坏，检查承、插口工作面尺寸是否在允许范围内。

②将承、插口工作面的毛刺和污物清除干净。

③橡胶圈形体完整，表面无裂缝。

④检查安装机具是否配套齐全、状态良好。

安装步骤：

①清理承、插管口，刷一层润滑剂。

②上胶圈，把胶圈上到承口槽内，用手轻压一遍，使其均匀一致地卡在槽内。

③将插口中心对准承口中心，安装好手动葫芦，均匀地将插口推入承口内，如图 4—30 所示。

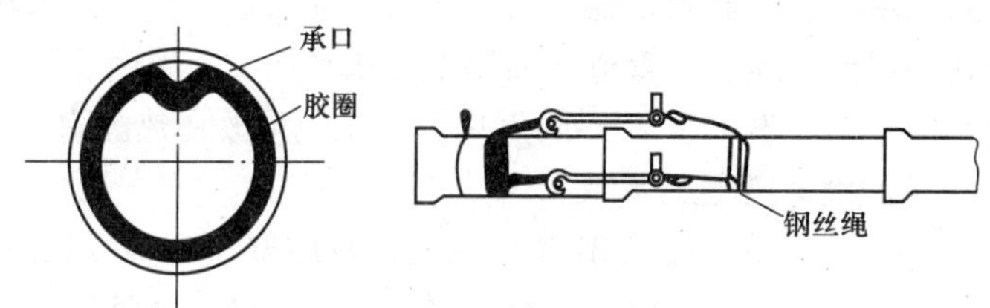

图 4—30　手动葫芦对口

2）预应力钢筋混凝土管接口。一般管径在 400 mm 以上时，采用承插式接口、橡胶圈为密封材料。其安装方法基本与球墨铸铁管相同，其管接口大样如图 4—31 所示。

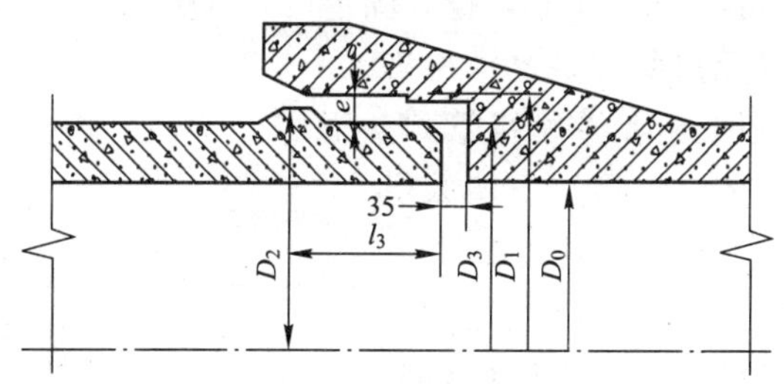

图 4—31　预应力钢筋混凝土管接口大样

安装程序：清洗管口和胶圈→上胶圈→对口找中心和高程→装顶推机具→顶进插口→检查胶圈位置直至就位→移动顶推机具。

顶推机具可采用千斤顶、倒链（手动葫芦）及其他顶进设备。

模块四　排水管道及卫生器具的安装

一、排水管道的安装

1. 施工前的准备工作

根据施工图及技术交底，配合土建完成管段穿越基础、墙壁和楼板的预留孔洞，并检查、校核预留孔洞的位置和尺寸是否准确。

施工现场要有能满足施工需要的材料堆放处。铸铁排水管应码放在平坦的场地上，管道下面用木方垫平垫实。硬聚氯乙烯管道应存放于温度不高于40℃的库房内，避免堆放在热源附近。

2. 室内排水管道的安装

室内污水管道一般采用铸铁排水管或硬聚氯乙烯（UPVC）排水管。安装的一般顺序是：排出管→排水立管→通气管→排水横管→排水支管。

（1）排出管的安装。为方便施工，可对部分排水管材及管件预先捻口、养护后运至施工现场。在房中或挖好的管沟中，将预制好的管道承口作为进水方向，按照施工图所注标高，找好坡度及各预留口的方向和中心，捻好固定口。待铺设完成后，灌水检查各接口有无渗漏现象。经检查合格后，临时封堵各预留管口，以免杂物落入，并通知土建人员填堵孔洞，按规定回填土方。

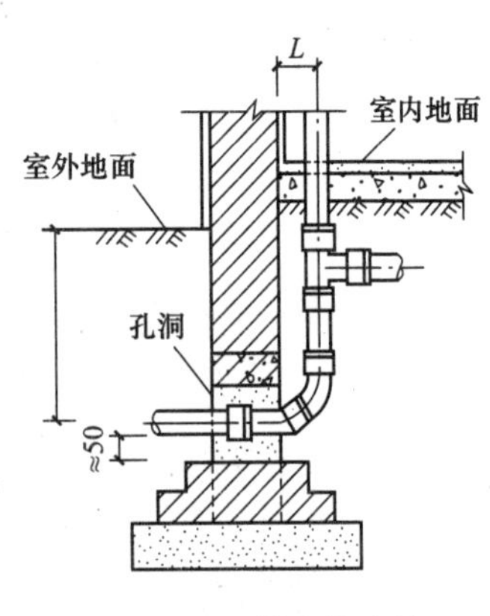

图 4—32　排水管穿墙

管道穿过房屋基础或地下室墙壁时应预留孔洞，并应做好防水处理，如图 4—32 所示。

为了减小管道的局部阻力和防止污物堵塞管道，通向室外的排出管穿过墙壁或基础必须下返时，应用两个45°弯头连接。排水管道的横管与横管、横管与立管的连接，应采用 45°三通或 45°四通和 90°斜三通或 90°斜四通。

排出管应与室外排水管道管顶标高相平齐，并且在连接处排出管的水流转角不应小于 90°。

排出管与室外排水管道连接处应设检查井，检查井中心至建筑物外墙的距离不宜小于 3 m，也可设在管井中。

(2) 排水立管的安装。排水立管通常沿卫生间墙角敷设，排水立管穿楼板如图 4—33 所示。对于现浇楼板应预留孔洞，预留孔洞的位置及尺寸可参照表 4—7。

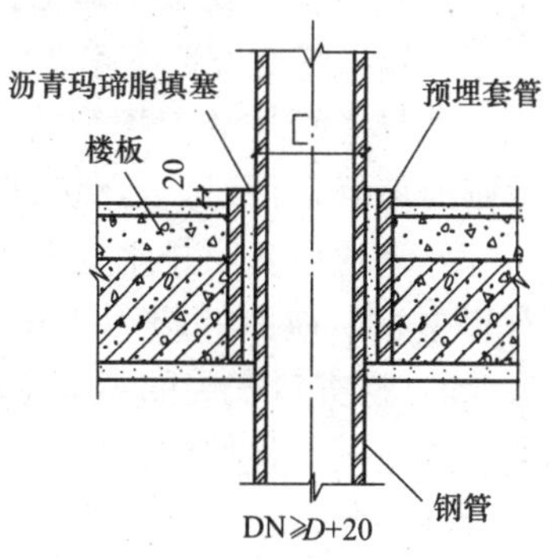

图 4—33 排水立管穿楼板

表 4—7 排水立管与墙面距离及楼板预留孔洞尺寸 mm

管径	50	75	100	150
管轴线与墙面距离	100	110	130	150
楼板预留洞尺寸	100×100	200×200	200×200	200×200

立管安装时，应两人上下配合，一人在上层楼板上用绳拉，下面一人托，把管子移至对准下层承口将立管插入，下层的人要把甩口（三通口）的方向找正，随后吊直，这时，上层的人用木模将管临时卡牢，然后捻口，堵好立管洞口。

现场施工时，可先预制，也可将管材、管件运至各层进行现制。

(3) 通气管的安装。通气管应高出屋面 0.3 m 以上，并且应大于最大积雪厚度，以防雪层掩盖通气管口。对于平屋顶，若经常有人逗留，则通气管应高出屋面 2.0 m。通气管上应做铁丝球（网罩）或透气帽，以防杂物落入。通气管的施工应与屋面工程配合好，一般做法如图 4—34 所示。通气管安装完成后，把屋面和管道接触处的防水处理好。

（4）排水支管的安装。安装排水支管时，应根据各卫生器具位置排料、断管、捻口、养护，然后将预制的支管运到各层。安装时需两人将管托起，插入立管甩口（三通口）内，用铁丝临时吊牢，找好坡度、找平，即可打麻捻口，配装吊架，吊架间距不得大于 2 m。然后安装存水弯，找平找正，并按地面甩口高度测量卫生器具短管尺寸，配管捻口、找平找正，再安装卫生器具，但要临时堵好预留口，以免杂物落入。

（5）清通设备。排水立管上设置的检查口如图 4—35 所示。检查口中心距地面一般为 1 m，并应高出该层卫生器具上边缘 150 mm。检查口安装的朝向应使清通时操作方便。暗装立管的检查口处应安装检修门。

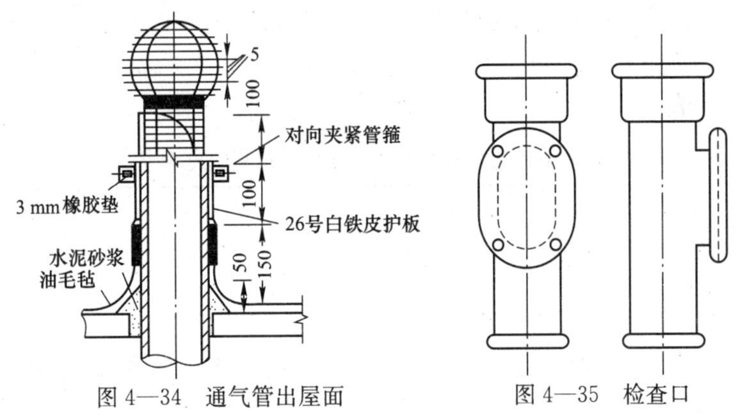

图 4—34　通气管出屋面　　图 4—35　检查口

排水横管上的清扫口应与地面相平，如图 4—36 所示。当排水横支管在楼板下悬吊敷设时，可将清扫口设在其上面楼板地面上或楼板下排水横支管的起点处。为了清通方便，排水横管清扫口距与管道相垂直的墙面不得小于 200 mm，若排水横管起点设置堵头代替清扫口，与墙面距离不得小于 400 mm。

二、卫生器具的安装

卫生器具是用来收集和排除生产及生活中污水、废水的设备，是室内排水系统的重要组成部分。

对卫生器具的基本要求是：卫生器具的材质应耐磨、耐腐

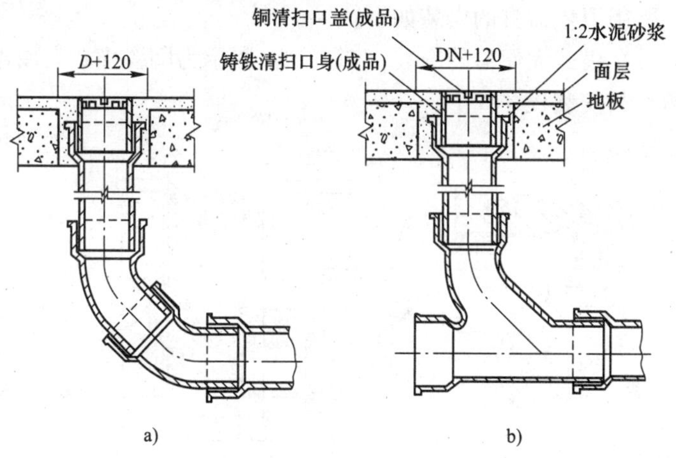

图 4—36　清扫口

a）排水管起点的清扫口　b）排水管中途的清扫口

蚀、耐老化，具有一定的强度，不含对人体有害的成分；表面光滑，不易积污纳垢，沾污后易清洗；要便于安装和维修，用水量小，噪声小；存水弯要保持有足够的水封深度。

常用的卫生器具按其作用可分为三类：

（1）便溺用卫生器具，如大便器、小便器等。

（2）盥洗、淋浴用卫生器具，如洗脸盆、盥洗槽、浴盆、淋浴器等。

（3）洗涤用卫生器具，如洗涤盆、化验盆、污水池、地漏等。

卫生器具的安装一般是在室内装修工程施工之后，室内排水管道安装完毕、所留甩口位置正确时进行的。

卫生器具安装的工艺流程一般为：

安装准备→卫生器具及配件检验→卫生器具的安装→卫生器具配件预装→卫生器具稳装→卫生器具与墙、地缝隙处理→卫生器具外观检查→通水试验。

卫生器具安装前，应检查外观，其安装高度应符合设计要求。允许偏差：单独器具±10 mm，成排器具±5 mm。连接卫生器具的排水管管径和最小坡度，应符合设计要求。

常用卫生器具的安装如下。

(1) 坐式大便器的安装。图 4—37 所示为陶瓷坐式大便器安装图，其安装程序如下：

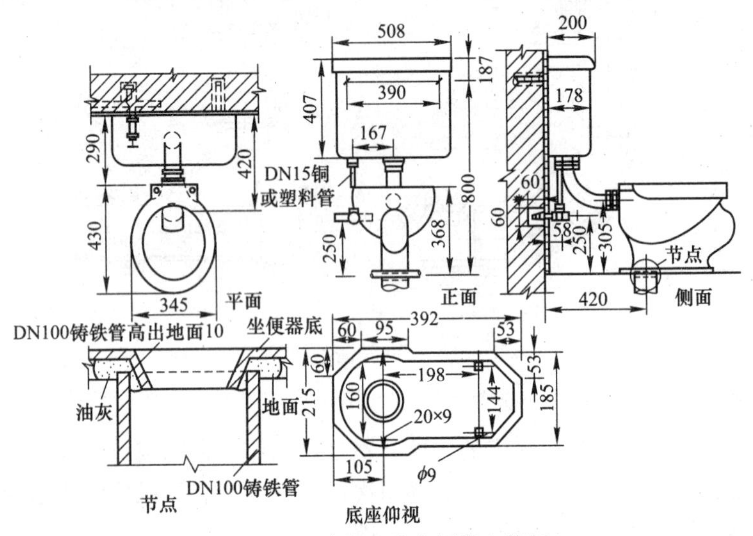

图 4—37 陶瓷坐式大便器安装图

在墙面和地面工程完工后，根据已安装好的下水管口中心和坐便器位置，在地板上和墙面上画出低水箱和坐便器的中心线及箱底水平线（水箱距地面 480 mm），然后用膨胀螺栓将水箱固定在墙上。

低水箱安装后，首先，将坐便器对准地板的十字线和水箱中心线试装并找正找平后，在地板上画出坐便器的轮廓线和四个孔眼的十字中心线，移开后在地板上打入膨胀螺栓，并注意做好防水处理。然后，将坐便器下水口抹油灰，对准排水短管，稳装在地板上找正找平后加垫圈紧固。最后，向水箱内组装配件，连接水箱进水支管和水箱底至坐便器进水口之间的 DN50 冲洗管，试水合格后再将坐便器圈、盖安好。

(2) 蹲式大便器的安装。蹲式大便器安装时需另加存水弯。

首先，配合土建砌筑蹲台时稳装大便器，先清理好排水短管承口，并将承口中心引至墙上，作为水箱安装中心线；在大便器的出水口上抹油灰，承口内也抹少许，然后，把大便器的出口挤压在承口内，找正找平，稳装严密，将挤出的油灰抹光，并使大便器进水口的中心对准墙上中心线。

最后，将已做好的冲洗管连接在冲洗阀下端，并将其另一端套在大便器的进水口上并绑扎牢固，如图 4—38 所示。

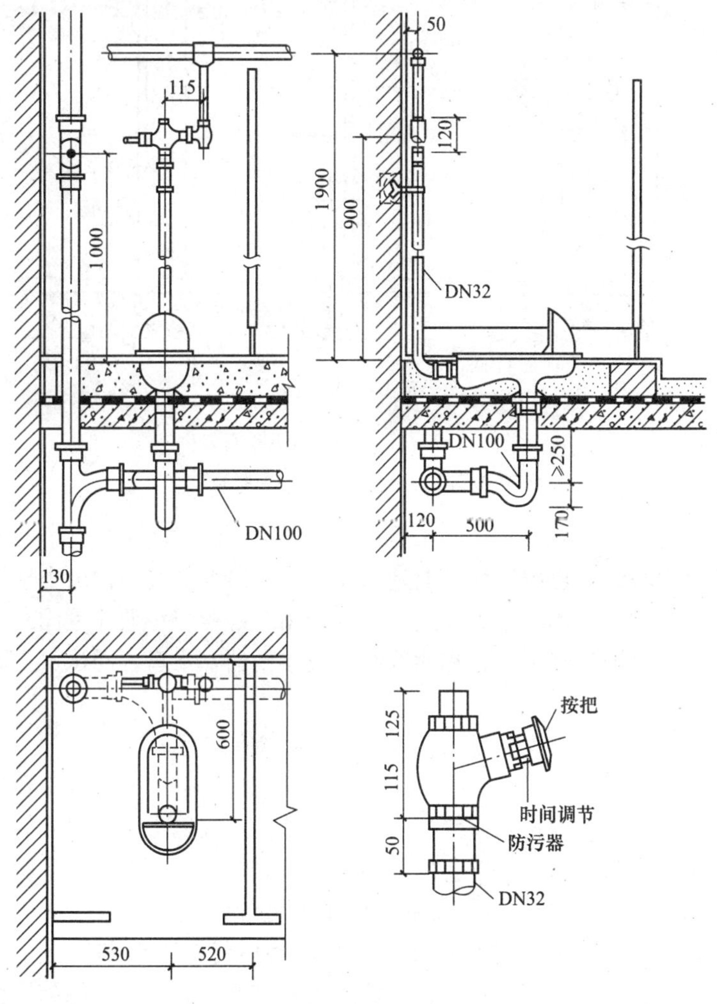

图 4—38　冲洗阀蹲式大便器的安装

（3）挂式小便器的安装。挂式小便器悬挂在墙上，如图 4—39 所示。

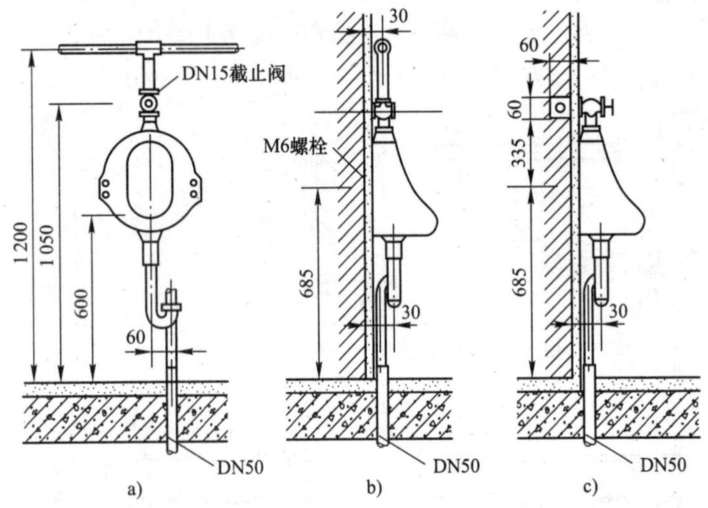

图 4—39 普通挂式小便器安装

a）明装立面 b）明装侧面 c）暗装侧面

安装时，将安好的排水管中心偏离 60 mm 向墙上引小便斗竖直中心线，再由地坪向上量 600 mm 画出水平线，找出小便器两耳孔中心，用膨胀螺栓或预埋木砖用木螺栓将小便斗紧固在墙上，然后连接给水支管和冲洗阀门及小便器存水弯，经试水不漏即可。

立式小便器安装方法与挂式小便器类似。

（4）洗脸盆的安装。洗脸盆的安装如图 4—40 所示。安装时，根据洗脸盆排水短管口中心和安装高度在墙上画出中心线和水平线，找出盆架位置，用木螺栓或膨胀螺栓将盆架固定。脸盆固定前，预先将冷热水嘴和排水栓用螺母锁紧装好。脸盆固定后，连接冷热水（左热右冷）支管，然后将存水弯和排水栓连接，存水弯下端套上护口盘，插入地面排水短管内，其间隙用油麻丝塞紧，盖好护口盘。

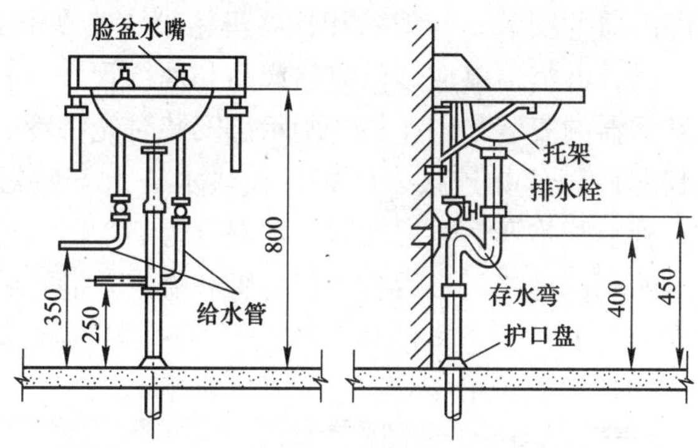

图 4—40　洗脸盆的安装

（5）浴盆的安装。浴盆多设在住宅、宾馆、医院等的卫生间及公共浴池内，卫生间设置的浴盆常布置在房间一角，浴盆用冷热水支管均在墙内暗装。安装时，根据排水短管口中心和安装高度在墙上画出中心线和高度线，按要求的位置将浴盆稳固，找正找平，如图 4—41 所示。将溢水管、弯头、三通等进行预装配，在浴盆上组装排水栓，排水栓零件与浴盆内外接触处均应加胶垫。将弯头安装在已紧固好的排水栓上，在溢水口处安装弯头，然后利用短管、三通将溢水口、排水栓连接，并使三通下部的短管插入预留的浴盆排水短管口内，其间隙要用油麻丝生料带堵塞，抹光，最后预留的冷、热水管上装引水管，用弯头、短节伸出墙面，装上水嘴（左热右冷）。

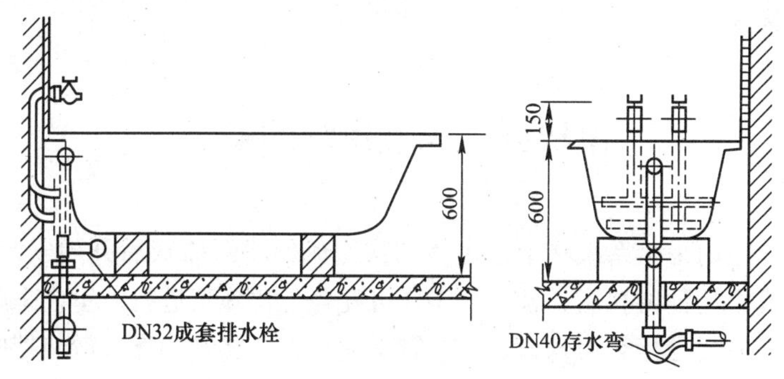

图 4—41　浴盆的安装

（6）淋浴器的安装。与浴盆相比，淋浴器占地少、造价低，故应用很广泛。淋浴器有成套供应的成品和现场管件组装两类。

管件淋浴器的安装如图 4—42 所示。安装时先将冷、热水水平支管及其配件用丝扣连接安装好，在热水管上安装短节和阀门，在冷水管上配抱弯后再安装阀门，混合管的半圆弯用活接头与冷、热水的阀门连接，最后装上混合管和喷头，混合管上端应设一单管卡。

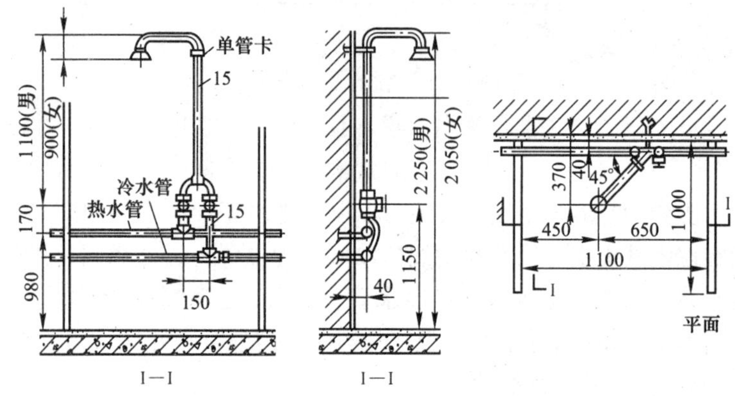

图 4—42　管件淋浴器的安装

除以上介绍的卫生器具外，还有大便槽、立式小便器、小便槽、盥洗槽、洗涤盆、污水池、地漏等，可参考国家及地区标准图集施工。

模块五　采暖系统的安装

室内采暖系统在土建主体结构完成、墙面抹灰后开始安装，但其中的预留孔洞、预埋件工作可配合土建施工进行。室内采暖管道主要是指热力入口、主立管、横干管、立管和连接散热器的支管等。

室内采暖管道的安装程序：安装准备→卡架安装→干管安装→立管安装→支管安装→试压→冲洗→防腐和保温→调试等。

一、安装前的准备工作

1. 识读施工图

施工前，熟悉图样，配合土建施工做好预留孔洞和预埋件工作。

2. 备料

按施工图的要求，整理出采暖工程所需的管材、散热器、阀门及其他设备和材料的种类、规格和数量。

3. 预制加工

按照施工图进行管件、支（吊）架、管段等的加工预制。

二、室内采暖管道的安装

1. 热力入口

对于热水采暖系统，在热力入口的供、回水管上应设置阀门、温度计、压力表、除污器等，供水管和回水管之间设连通管，并设有阀门，如图 4—43 所示。

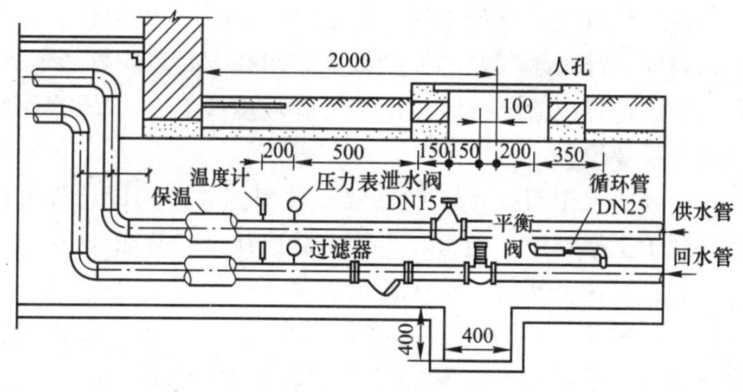

图 4—43　热力入口

蒸汽采暖系统。当室外蒸汽压力高于室内蒸汽系统的工作压力时，应在热力入口的供汽管上设置减压阀、安全阀等。

2. 干管的安装

采暖干管分为保温干管和非保温干管，安装时必须明确。室内干管的定位是以建筑物纵、横轴线控制走向，通常确定的安装平面位置可参考表4—8。在立面高度上，一般设计图上标注的标高为管中心的标高，根据管径、壁厚推算出支架横梁面标高，以控制干管的立面安装位置和坡度。

表4—8　　预留孔洞尺寸及管道与墙的净距　　mm

管道名称及规格		管外壁与墙面最小净距	明装留孔尺寸（长×宽）	暗装墙槽尺寸（宽×深）
供热主干管	≤DN80 DN100～125	—	300×250 350×300	—
供热立管	≤DN25 DN32～50 DN70～100 DN125～150	25～30 35～50 55 60	100×100 150×150 200×200 300×300	130×130 150×130 200×200 —
散热器支管	≤DN25 DN32～40	15～25 30～40	100×100 150×130	60×60 150×100

干管安装的具体方法如下：

（1）定位放线及支架安装。根据施工图的干管位置、走向、标高和坡度，挂管子安装的坡度线，未留孔洞时，应打通干管穿越的隔墙洞，弹出管子安装坡度线。在坡度线下方，按设计要求画出支架安装位置。

（2）管子上架与连接。在支架安装牢固并达到设计强度后，即可将管子上架就位，通常，干管安装应从进户管或分支路点开始。所有管口在上架前，均用角尺检测，以保证对口的平齐。采用焊接连接的干管，对口应不错口并留有1.5～2.0 mm间隙，点焊后调直，最后焊死，焊接完成后即可校核管道坡度，确认无误后进行固定。采用螺纹连接的干管，在螺纹处缠好油麻，一人在末端扶平管子，一人在接口处把管对准螺纹，慢慢转动入扣，用管钳适度拧紧。装好支架U形卡，再安装下节管，之后照此依次进行连接。

（3）干管过墙安装分支管，如图 4—44 所示。

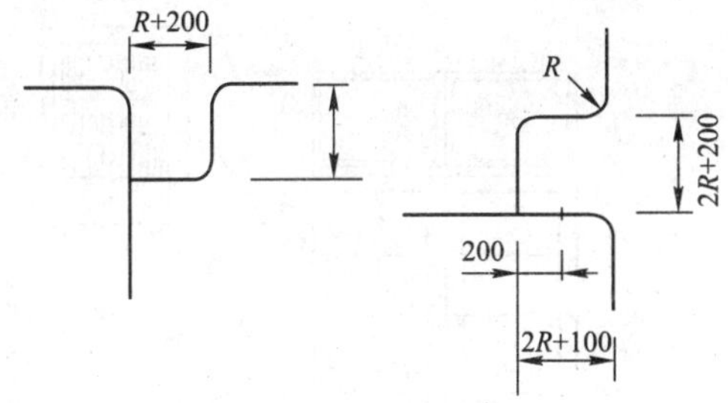

图 4—44　干管与分支管连接

（4）分路阀门距分路点不宜过远。集气罐位于系统末端，进、出水口应开在偏下、罐高的约 1/3 处，其放风管应稳固。

（5）干管过门的安装，如图 4—45 所示。

（6）管道安装后，检查标高、预留口等是否正确，然后调直，用水平尺校对坡度，调整合格后，调整支架螺栓 U 形卡，最后焊牢固定支架的止动板。

（7）放正各穿墙处的套管，封填管洞口，预留管口加好临时管堵。

（8）敷设在管沟、屋顶、吊顶内的干管，不经水压试验合格，不得进行保温和覆盖。

3. 立管的安装

立管位置由设计确定，但与墙应保持最小净距，以便于安装操作。立管的安装步骤如下：

（1）校对各层预留孔洞位置是否垂直，自顶层向底层吊通线。若未预留孔洞，先打通各层楼板，吊线，再根据立管与墙面的净距，确定立管卡子的位置，栽埋好管卡。

（2）立管的预制与安装。所有立管均应在测量楼层管段长度后，采用楼层管段预制法，将预制的管段按编号顺序运至安装位置。安装时可从底层向顶层逐层进行（或由顶层向底层进行）预制管段连接。缠油麻，对准管口转动入扣，用管钳适度拧紧，丝扣外露 2～3 扣，清除麻头。

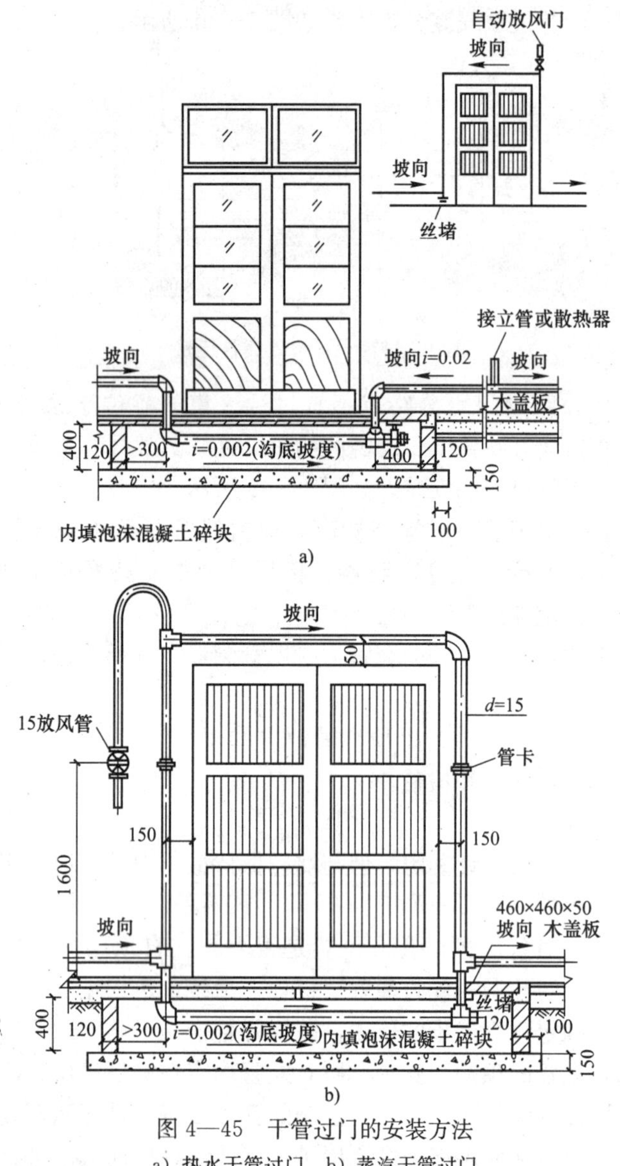

图 4—45　干管过门的安装方法

a）热水干管过门　b）蒸汽干管过门

每安装一层管段时，先穿入套管，对于无跨越管的单管串联式系统，应和散热器支管同时安装。

（3）检查立管每个预留口的标高、方向、半圆弯等是否准确、平正。将事先栽好的管卡松开，把管放入卡内拧紧螺栓，找好垂直度，扶正钢套管，填塞孔洞使其套管固定。

（4）立管与干管连接，如图 4—46 所示。在干管上焊上短丝管头，以便于立管螺纹连接。

立管一般明装，布置在外墙墙角及窗间墙处。立管的管卡，当层高小于或等于 5 m 时，每层安 1 个，管卡距地面 1.5～1.8 m；当层高大于 5 m 时，每层不少于 2 个，两管卡对称安装。

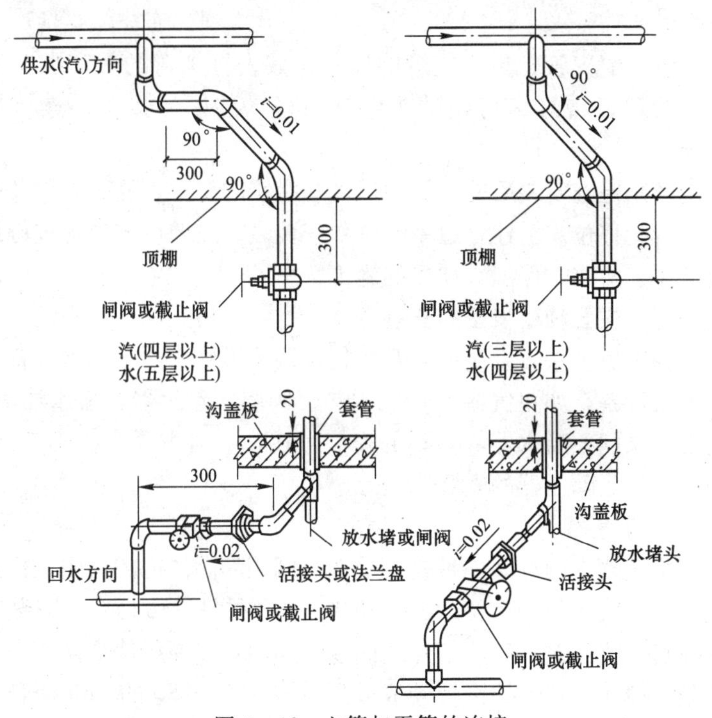

图 4—46　立管与干管的连接

4. 支管的安装

散热器支管上一般都有乙字弯。安装时均应有坡度，如图 4—47 所示，以便排出散热器中的空气和放水。当支管全长小于或等于500 mm，坡度降低值为5 mm；大于500 mm时，坡度降低值为10 mm。当一根立管连接两根支管时，其中任一根超过500 mm，其坡度降低值均为10 mm。当散热器支管长度大于1.5 m时，应在中间安装管卡或托钩。

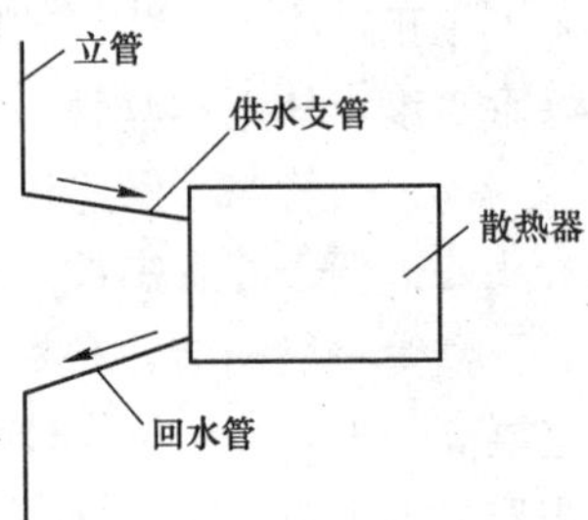

图4—47　散热器支管的坡度

安装步骤如下：

(1) 检查散热器安装位置及立管预留口是否准确。量出支管尺寸，即散热器中心距墙与立管预留口中心距离之差。

(2) 配支管，量出支管的尺寸，减去灯叉弯的量，加工和调直管段，将灯叉弯两端头缠油麻丝，装好活接头，连接散热器。

(3) 检查安装后的支管的坡度和距墙的尺寸，复查立管及散热器有无移位。上述管道系统全部安装之后，即可按规定进行系统试压、防腐、保温等项目的施工。

三、主要辅助设备的安装

为了保证采暖系统的正常运行，调节维修方便，必须设置一些附属设备，如集气罐、膨胀水箱、阀门、除污器、疏水器等。其中，阀门、疏水器等器具的安装另述，下面主要介绍集气罐、膨胀水箱、除污器的安装。

1. 集气罐

集气罐有两种，一种是自动排气阀，靠阀体内的启闭机构达到自动排气的目的。常用的自动排气阀如图4—48所示。安装时应在自动排气阀和管路节点之间装个阀门，以便维修更换。另一种是用厚4.5 mm的钢板卷成或用管径100～250的mm钢管焊成的集气罐，如图4—49所示。

2. 膨胀水箱

膨胀水箱的作用是容纳热水采暖系统中水受热膨胀而增加的体积。膨胀水箱和系统的连接点，在循环水泵无论运行与否时都

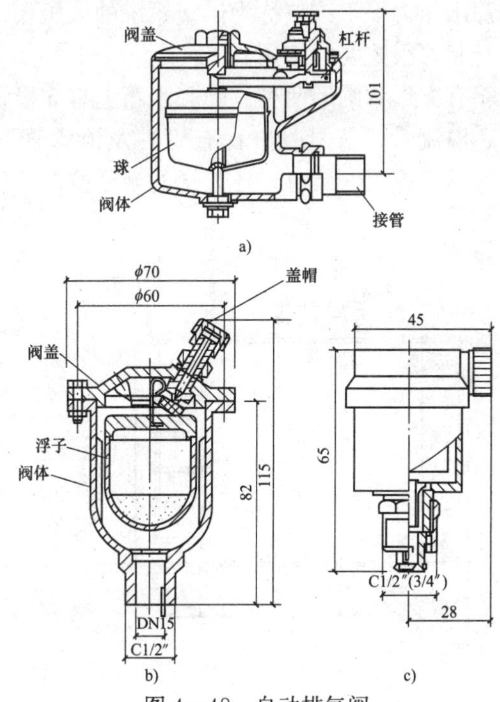

图 4—48 自动排气阀

a）P21Ⅰ—4 型立式自动排气阀 b）PQ—R—S 型自动排气阀

c）ZP88—1 型立式自动排气阀

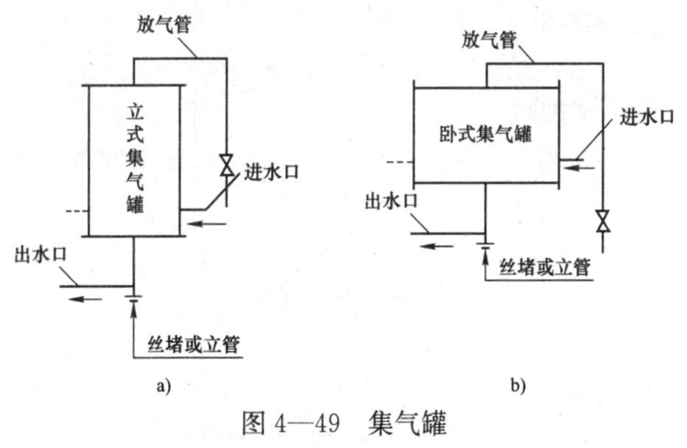

图 4—49 集气罐

a）立式 b）卧式

处于不变的静水压力下，该点称为供暖系统的恒压点。恒压点对系统安全运行起着很重要的作用。

膨胀水箱有方形和圆形两种。膨胀水箱上有 5 根管，即膨胀管、循环管、溢流管、信号管（检查管）及泄水管（排水管），如图 4—50 所示。施工安装时，各管子的规格按设计要求选用。

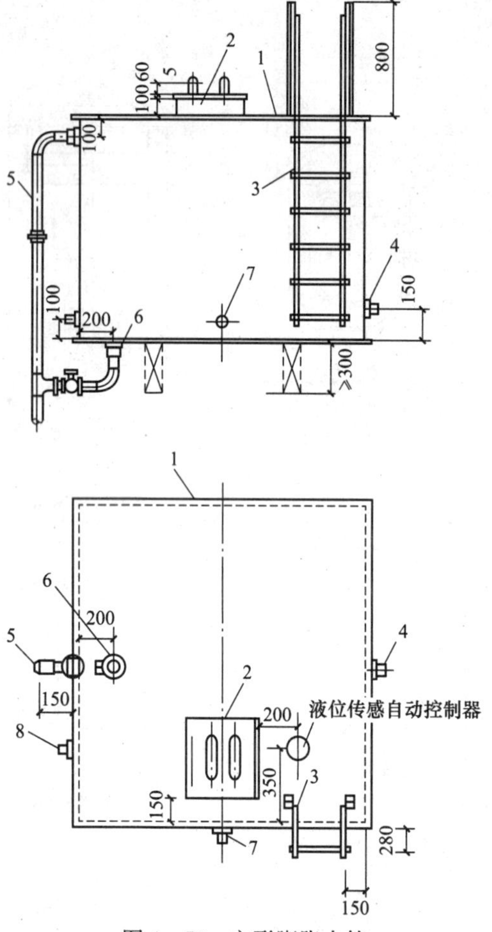

图 4—50　方形膨胀水箱

1—箱体　2—人孔　3—外人梯　4—信号管　5—溢流管　6—排水管　7—循环管　8—膨胀管

膨胀水箱的膨胀管和循环管一般连接在循环水泵前的回水总管上，并不得安装阀门。

膨胀水箱应设置在系统最高处，水箱底部距系统的最高点应不小于 600 mm。

水箱内外表面除锈后应刷两道红丹防锈漆，在采暖房间，外壁刷两道银粉，若设在不采暖房间，膨胀水箱应做保温。

3. 除污器

除污器常设在用户引入口和循环水泵进口处。除污器可自制，上部设排气阀，底部装有排污丝堵（排污阀）定期排除污物。安装时要注意方向，并设旁通管，在除污器及旁通管上，都应装截止阀。除污器一般用法兰与管路连接，如图 4—51 所示。

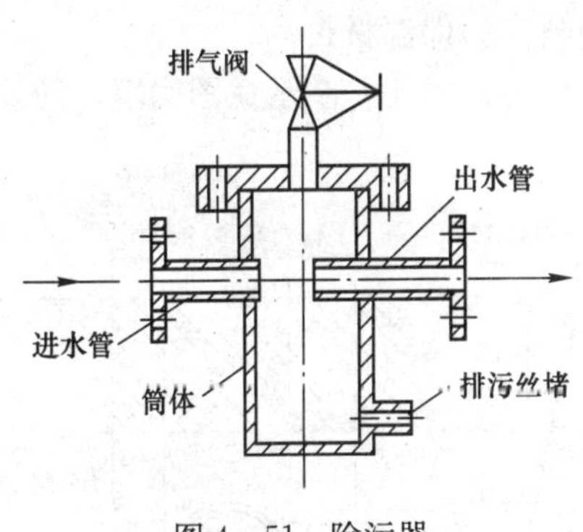

图 4—51　除污器

除污器的形式有立式和卧式两种，由筒体、过滤网、排气管及阀门、排污管或丝堵构成，过滤网脏了可以取出，清洗后可继续使用。

模块六　室外热力管道的安装

室外热力管道通常指由热源点（锅炉房或热力站）至各建筑物引入口之间的供暖管道，通常称为热力管道或热力管网。

室外热力管道管材多采用螺纹焊缝钢管、焊缝钢管和无缝钢管，其接口多为焊接接口。

室外热力管道的敷设方法有直埋（无沟敷设）、管沟敷设和架空敷设三种方式，各有特点，又有共同规律。

一、直埋式热力管道安装

直埋法施工程序：放线定位→挖沟槽→铺底砂层→直埋管除锈、防腐、保温→保护壳→管道敷设→安装伸缩器、阀门→水压试验→修补防腐保温层→填盖细砂→砌井室→沟槽回填土方。

直埋供暖管道一般由三部分组成，即钢管、保温层、保护层，这三部分是紧密地粘在一起的整体。保温材料要求导热系数小，有一定机械强度，吸水率低和有一定的干容重。国内多用聚氨酶硬质泡沫塑料作为保温材料。

直埋管的敷设可按图 4—52 示意图回填，使管身落在均匀基层上。

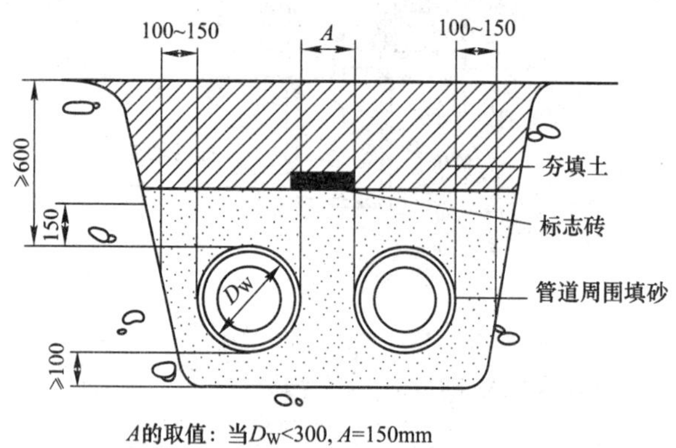

图 4—52　直埋供暖管道敷设要求示意图

二、管沟敷设热力管道

施工程序：放线定位→挖槽→管沟施工→支架定位及安装→管道安装→附件安装→水压试验→防腐保温→管道冲洗→回填土方。

其施工过程中有许多工序与直埋法和室内采暖管道敷设相类

似，故不再详述。

管沟敷设可分为通行地沟敷设、半通行地沟敷设和不通行地沟敷设三种方式。地沟应能保护管道不受外力作用和水的侵袭、保护管道的保温结构、允许管道自由伸缩。地沟盖板覆土深度不宜小于 0.2 m，盖板应有 0.01～0.02 的横向坡度。地沟底部宜设不小于 0.002 的纵向坡度。

三、架空管道安装

室外采暖管道架空敷设，就是将管道架设在地面的支架上或架设在墙壁的支架上。

架空敷设的支架按其制作材料可分为砖砌支架、钢筋混凝土支架、钢支架等，一般用钢筋混凝土支架较多。

架空敷设多用于工厂厂区内，其特点是管路露于室外。施工程序：放线定位→支架安装→管道吊装就位→挂坡度线，安装高支座→附件安装→水压试验→防腐保温等。

按照支架的高度，可分为低支架、中支架和高支架三种形式。

管道安装前，要对支架的稳固性、标高以及在地面上的坐标位置进行检查，严格保证管路的设计坡度，决不允许由于支架安装错误而出现倒坡现象。

四、室外采暖管道安装的一般要求

1. 室外采暖管道应设坡度，目的在于排水、放气和排凝结水。在管段的相对低位点设泄水阀，在管段的相对高位点设放气阀，如图 4—53 所示。蒸汽管进行水压试验的临时放气孔，在试压完毕后焊死。

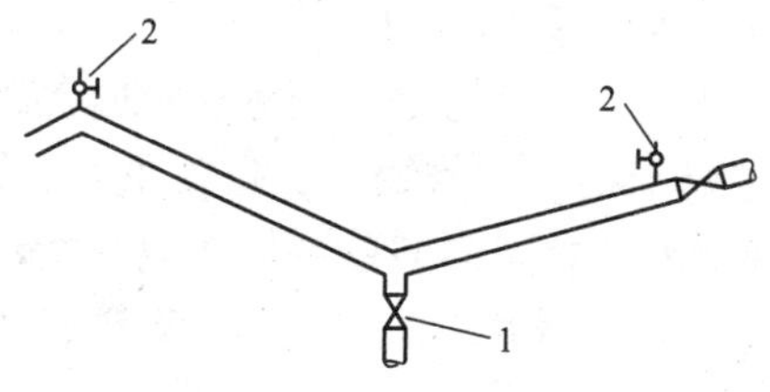

图 4—53　放气和排水装置

1—排水阀　2—放气阀

热水管道、凝结水管道、汽水同向流动的蒸汽管道应有0.002～0.003的坡度，汽水逆向流动的蒸汽管道至少有0.005的坡度，靠重力回水的凝结水管道应有0.005的坡度。

2. 在管道安装施工过程中，一般遵循下列原则：小口径管道让大口径管道，无压管道让有压管道，低压管道让高压管道。

3. 热水管道一般把供水管敷设在其前进方向的右侧，回水管设在左侧；蒸汽管敷设在其前进方向的右侧，凝结水管设在左侧。

4. 水平管道的变径宜采用偏心异径管（偏心大小头）。对蒸汽管道异径管的下侧取平，以利于排水；对热水管道异径管的上侧应取平，以利于排气。

5. 蒸汽支管从主管上接出时，支管应从主管的上方或两侧接出，以免凝结水流入支管。

6. 在采暖管道的适当位置设置阀门、检查井与检查平台，以便于维修管理。

7. 采暖管道安装完毕后，必须进行强度和严密性试验，合格后进行保温处理。

五、补偿器的安装

为减少并释放管道受热膨胀时所产生的应力，需在管路上每隔一定距离设置一个热膨胀的补偿装置，这样就可使管道有伸缩余地而减小热应力。

管道的补偿器可分为自然补偿器和专用补偿器两大类。自然补偿器常见的有L形和Z形弯管。

在管道施工中，首先应考虑利用管道弯曲自然补偿，当管内介质温度不超过80℃时，如管线不长且支吊架配置正确，那么，管道长度的热变化可以靠其自身的弹性予以补偿，这是自然补偿的最好办法。专用补偿器有方形补偿器、套管式补偿器、波形补偿器等。

1. 方形补偿器

方形补偿器又称U形补偿器，也叫方胀力，广泛用于碳钢、不锈钢、有色金属和塑料管道，适应于各种压力和温度。方形补偿器由四个90°弯管组成，其常用的四种类型如图4—54所示。其安装要点如下：

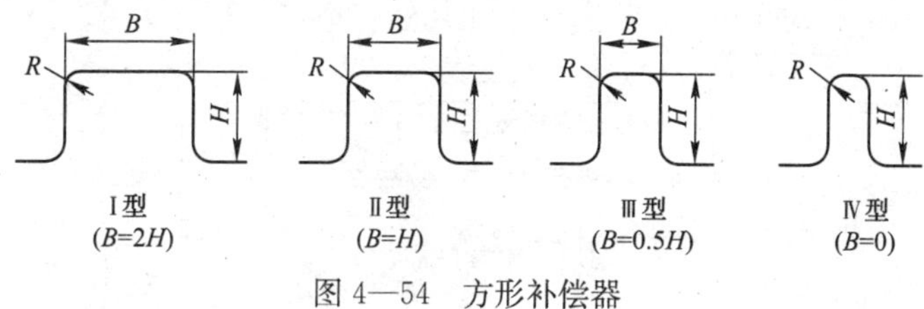

图4—54　方形补偿器

（1）安装前，先检查补偿器的加工是否符合设计尺寸、补偿器的三个臂是否位于一个水平面上，用水平尺检查、调整支架，使补偿器位置、标高、坡度符合设计要求。

（2）安装时，应将补偿器预拉伸。预拉伸量为热伸长量的1/2，拉伸时可用拉管器或用千斤顶撑开补偿器两臂。

（3）预拉伸的焊口，应选在距补偿器弯曲起点2～2.5 m处为宜，不得过于靠近补偿器，冷拉前应检查冷拉焊口间隙是否符合冷拉值。

（4）水平安装时，应与管道坡向一致；垂直安装时，高点设排气阀，低点设泄水阀。

（5）方形补偿器应用整根管弯制而成。如需设接口，其接口应设在直臂中间。

（6）补偿器两侧的第一个支架宜设在距补偿器弯头弯曲起点0.5～1 m处，支架应为活动支架。

（7）安装补偿器应当在两个固定支架之间的其他管道安装完毕后进行。

2. 套管式补偿器

套管式补偿器又名填料式补偿器，有铸铁和钢质两种，常用套管式补偿器的补偿量为150～300 mm。

铸铁套管式补偿器用法兰与管道连接，只能用于公称压力不超过 1.3 MPa、公称通径不超过 300 mm 的管道。钢质套管式补偿器有单向和双向两种形式，如图 4—55 所示，由套管、导管、压盖和填料组成。工作时，由导管和套管之间产生的相对滑动来达到补偿管道热胀冷缩的目的。钢质套管式补偿器可用于工作压力不超过 1.6 MPa 的蒸汽管道和其他管道。

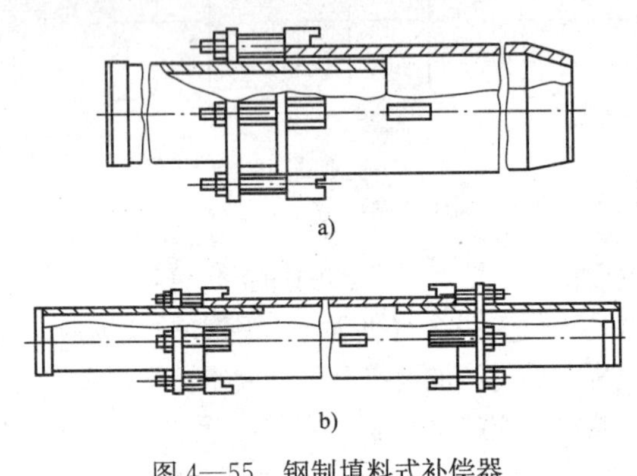

图 4—55　钢制填料式补偿器

a）单向填料式补偿器　b）双向填料式补偿器

套管式补偿器的安装要点：

（1）安装前，先将补偿器的填料压盖松开，将导管拉出预拉伸的长度，然后再将填料压盖拧紧。

（2）安装管道时，应预留出补偿器的长度，并在管道端口处焊接法兰盘，法兰盘应相互匹配，接触面相互平行。

（3）补偿器的填料应采用涂有石墨粉的石棉绳或浸过机油的石棉绳作为填料。压盖松紧程度在试运行时调整。使用中应经常更换填料，以保证封口严密。

（4）补偿器安装位置应遵照产品说明书设置，若无规定，一般将套管一端与固定支架管端连接，导管和另一端管道连接。套管式补偿器主要用在安装方形补偿器有困难的地方，对于不能随时停产检修的管路不能使用。直线管路较长，须设置多个补偿器时，最好采用双向补偿器。

3. 波形补偿器

波形补偿器是靠波形管壁的弹性变形来吸收热胀或冷缩引起的应力而达到补偿目的，如图 4—56 所示。波形补偿器多用于工作压力不超过 0.7 MPa、温度为－30～450℃、公称通径大于 100 mm 的管道上。

波形补偿器按波节结构可分为带套筒和不带套筒两种形式，因此，安装时要注意方向。补偿器内的衬套与管外壳焊接的一端，应朝向坡度的上方，以防冷凝水大量流到波形皱褶的凹槽里。安装前先了解出厂时是否已做预拉伸，若未做，应在现场做预拉伸。安装时，应设临时固定，待管道安装固定后再拆除。吊装波形补偿器要注意不能把吊索绑在波形节上。水平安装时，应在每个波形节的下方边缘安装放水阀。在管道进行水压试验时，要将波形补偿器夹牢，不让其有拉长的可能，试压时不得超压。

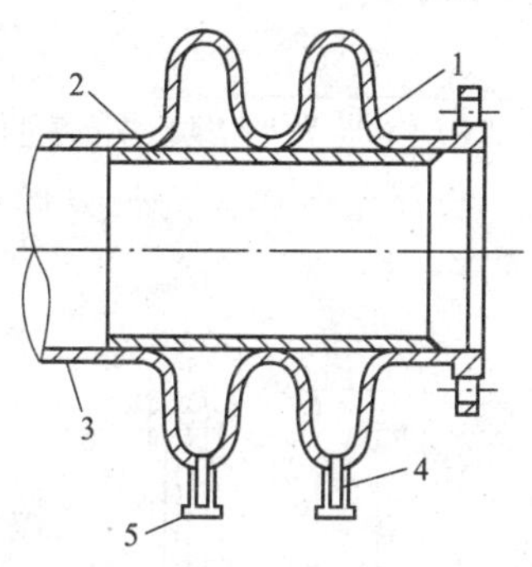

图 4—56 波形补偿器
1—波形节 2—套筒 3—管子
4—疏水管 5—螺母

模块七 散热器的组对与安装

散热器是将采暖管道中流动的热水或蒸汽的热量传递给房间室内空气的一种设备。它使室内温度升高，从而满足人们工作和生活的需要。

散热器的种类很多，常用的有铸铁散热器、钢制散热器和铝制散热器等。铸铁散热器结构简单，耐腐蚀，使用寿命长，造价低，但承压能力弱，金属耗量大，安装运输不方便。钢制散热器金属耗量小，占地面积小，承压能力强，但容易腐蚀，使用寿命短。

一、常见散热器

1. 铸铁散热器

（1）柱型散热器。此类散热器是单片的柱状连通体，每片各有若干个中空的立柱，如二柱、四柱和五柱，如图 4—57、图 4—58 所示。

（2）翼型散热器。此类散热器有圆翼型和长翼型两种。圆翼型散热器为管型，外表面有许多圆形肋片，如图 4—59 所示。长翼型散热器为长方形箱体，外表面带肋片，如图 4—60 所示。

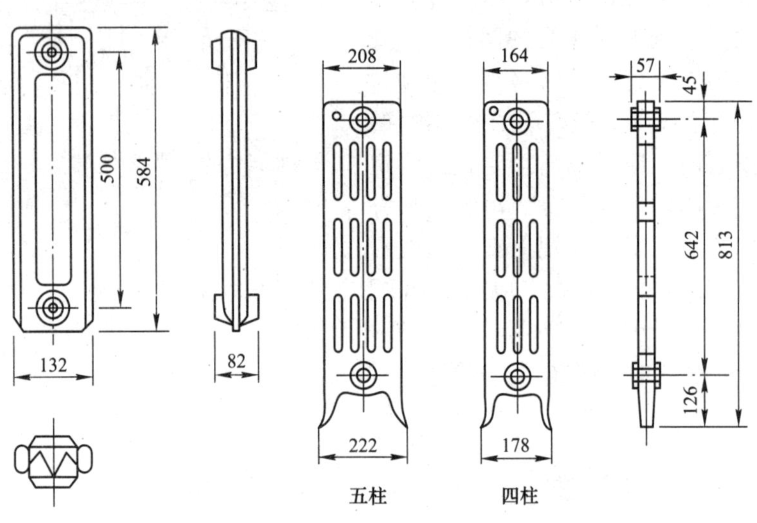

图 4—57　二柱型散热器　　图 4—58　四柱和五柱型散热器

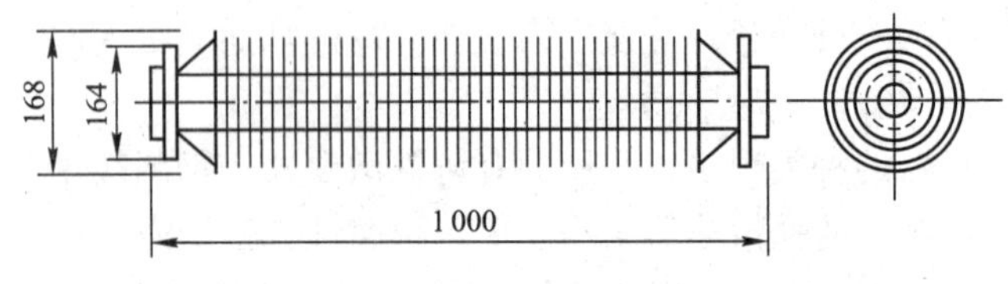

图 4—59　圆翼型散热器

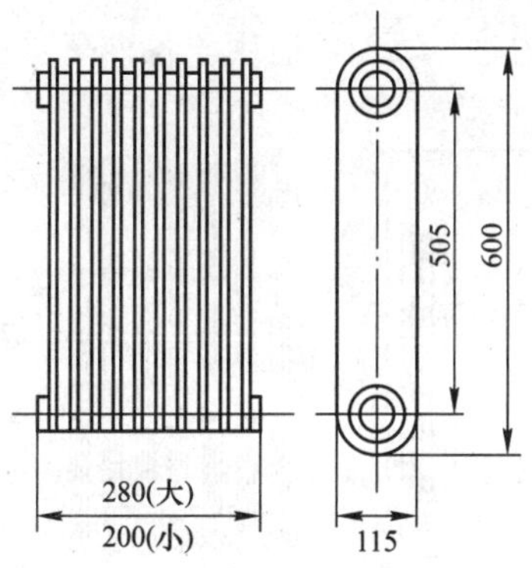

图 4—60　长翼型散热器

（3）灰铸铁散热器。灰铸铁散热器的主要优点是耐压强度高，单位散热面积的质量略小，但是价格较高。图 4—61 所示为灰铸铁柱型和细柱型散热器。

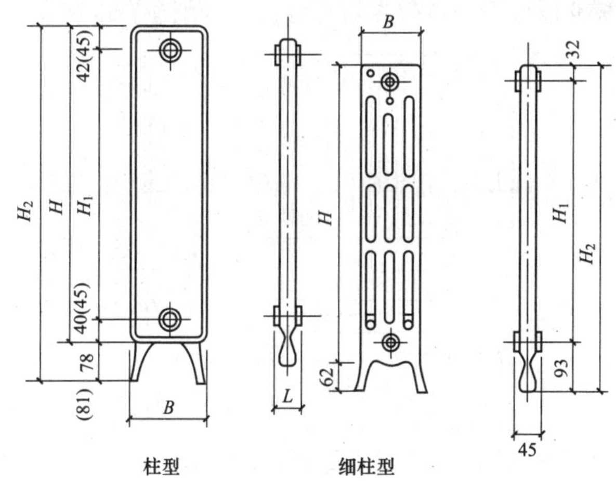

图 4—61　灰铸铁柱形和细柱形散热器

2. 钢制散热器

（1）钢柱型散热器。钢柱型散热器的构造和铸铁柱型散热器相似，如图 4—62 所示。这种散热器色彩和造型多样，表面喷塑，易于清洁；散热性能好，热辐射比例高；质量小，耐腐蚀，寿命长；承压能力达1 MPa，适用于各种高层建筑。

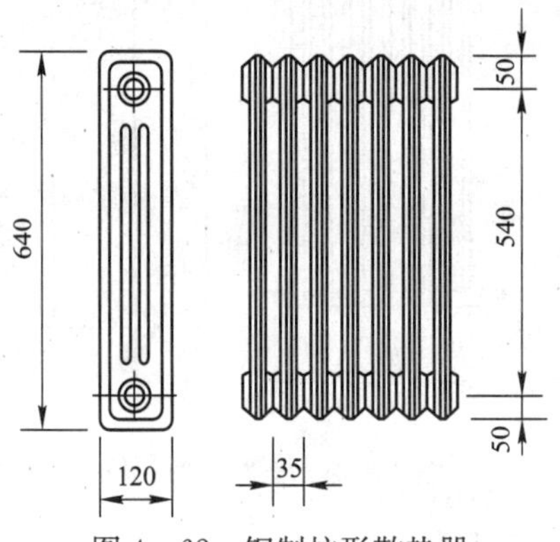

图 4—62 钢制柱形散热器

（2）板型散热器。该散热器由冷轧钢板冲压、焊制而成，主要由面板、背板、进出口接头等组成，对流片多采用 0.5 mm 的冷轧钢板冲压成形，点焊在背板后面，如图 4—63 所示。

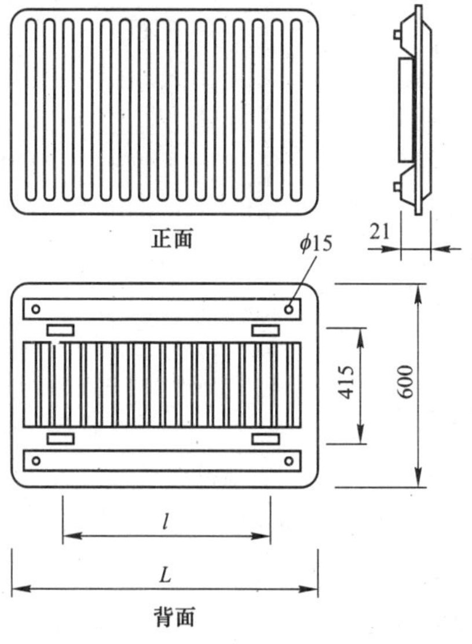

图 4—63 板型散热器

（3）扁管型散热器。该散热器是由数根矩形扁管叠加焊制成排管，两端与联箱连接，形成水流通路，如图 4—64 所示。扁管型散热器的板型有单板、双板、单板带对流片和双板带对流片四种结构形式。单、双板扁管型散热器两面均为光板，板面温度高，有较大辐射热。带对流片的板型散热器，背面主要以对流方式传热。

（4）闭式钢串片型散热器。该散热器由钢管、带折边的钢片和联箱等组成，如图 4—65 所示。这种散热器的串片间形成许多个竖直空气通道，形成烟囱效应，增强了对流、放热能力。

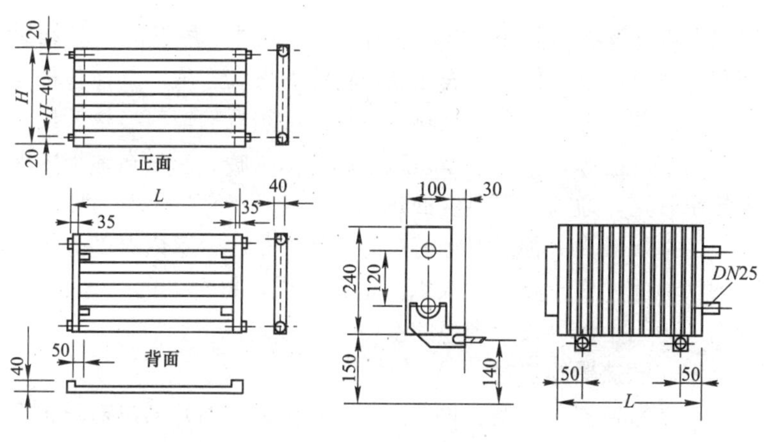

图 4—64　扁管型散热器　　　　图 4—65　闭式钢串片型散热器

3. 铝制散热器

铝制散热器是由铝合金翼型管材加工成排管状，如图 4—66 所示。铝制散热器外形美观，质量小，耐腐蚀，承压能力强，传热性能好；但材质软，运输、施工易碰损，且价格昂贵。

二、散热器的敷设

散热器一般采用明装，对房间装修和卫生要求较高时可以暗装，但会影响散热器的放热效果，不利于节能。如需配暖气罩来美化居室，可以将活动的百叶窗框罩倒置，使百叶翅片朝外斜向，

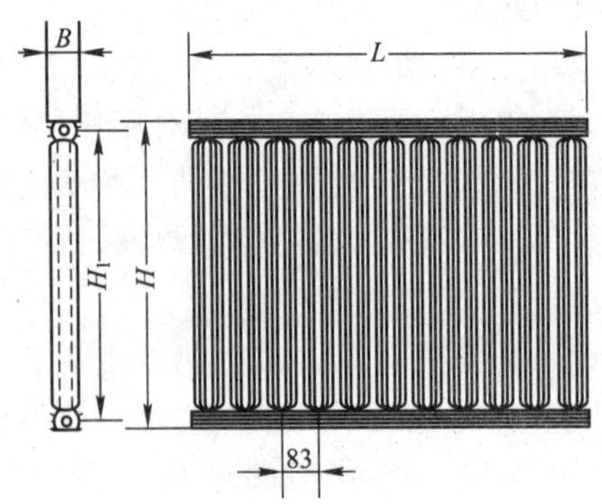

图 4—66 铝制散热器

以利于热空气顺畅上升，提高室内温度。此外，最近的实验结果证明，散热器改变传统的表面涂银粉漆的做法，采用其他各种颜色（如浅蓝漆等）非金属涂料，可提高散热器的辐射换热效果。

为节约能源，一些新型建筑采用地面采暖。它是在地板内埋入热水管路，通以一定温度的热水（如 40～60℃），均匀加热地板，使地板成为一种低温辐射热源。地面采暖，室内温度分布较均匀，地面温度较高，给人以舒适的感受，符合人的生理习性，因而成为当今世界较为理想的室内采暖方式。

三、散热器的组对

铸铁散热器（柱型、长翼型等）是由散热器片通过对丝组合而成，如图 4—67 所示，它的一头为正丝扣，另一头是反丝扣。

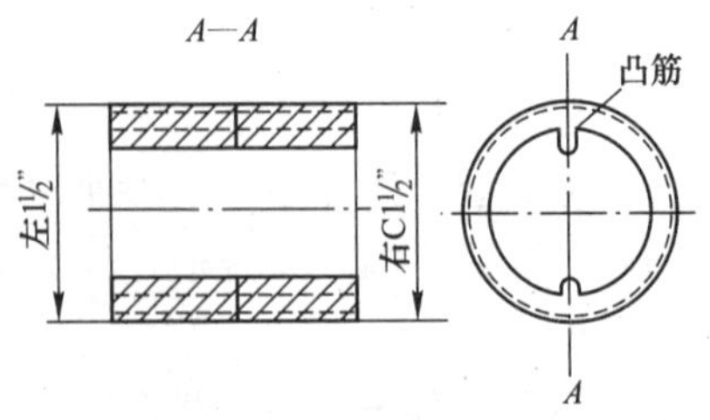

图 4—67 散热器对丝

散热器组对前应检查其有无裂纹、蜂窝、砂眼，连接内螺纹是否良好，内部是否干净，然后除锈，清刷对口。将检查合格的散热器片刷一道防锈漆，按正扣面朝上排列堆放以备用。

组对时，摆好第一片，将正扣向上，先将对丝拧入 1～2 扣，放上垫圈，用第二片的反扣对正第一片，用对丝钥匙插入丝孔内，将钥匙卡住，先逆时针方向慢慢退出对丝，再顺时针方向拧对，待上下两个对丝全入扣时，上下同时并进，缓慢用力拧紧对丝口，直至衬垫挤出油为止。如此一片连一片操作到设计所需的一组散热器片数。四柱散热器组两端必须配有带柱足的散热器片，超过 15 片时，中间再加一足片。

片式散热器组对数量一般不宜超过下列数值：

细柱型，25 片；M-132 型，20 片；长翼型（大 60），6 片；其他每组长度为 1.6 m。

散热器组对后，必须逐组进行水压试验，合格后才能安装。散热器的水压试验装置如图 4—68 所示。试验压力应符合设计规定，试验时间应为 2～3 min，以不渗不漏为合格。将试验合格的散热器喷刷一道防锈漆，运至现场待安装。

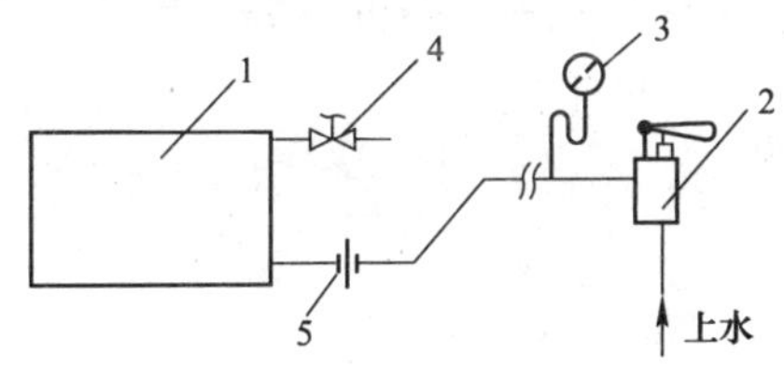

图 4—68　散热器水压试验装置示意图

1—散热器　2—手压泵　3—压力表　4—排气阀　5—活接头

四、散热器的安装

按设计图样所标明的规格、片数，将各房间散热器的托钩、托架及卡子找准位置，安装牢固。

散热器一般安装在外窗台下。散热器安装应在墙灰抹好并栽好散热器托钩和卡件以后进行，铸铁散热器卡子和托钩位置及数量如图 4—69 所示。

下面介绍一种新式托钩和一种自制托架。

为减小栽托钩的工程量，可以选用一种带扣的托钩。如图 4—70所示是一种带扣膨胀式托钩，膨胀螺栓的规格为 M12×75。墙体钻孔使用冲击式电锤，钻头直径应与膨胀螺栓尺寸配套，采用 ϕ16 或 ϕ16.5 mm 的钻头。

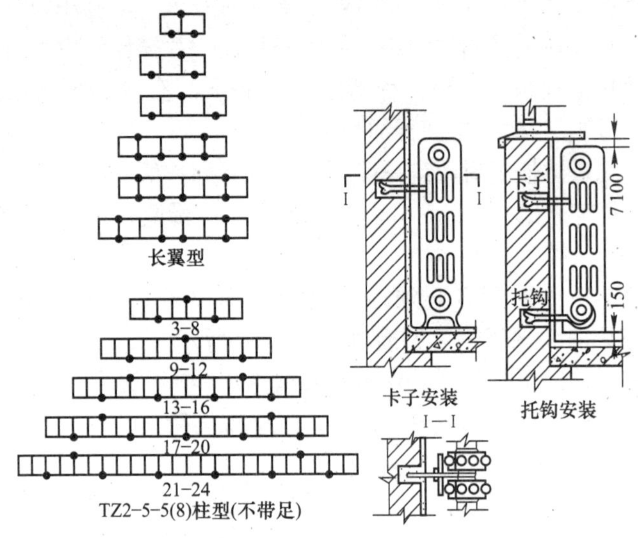

图 4—69　铸铁散热器卡子、托钩位置及数量

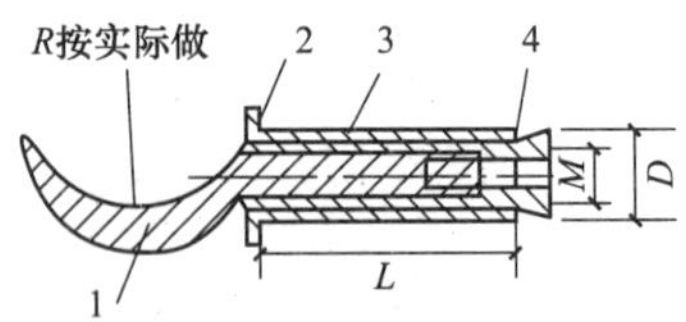

图 4—70　带扣膨胀式托钩

1—托钩　2—挡圈　3—开口套管　4—锥形尾部

如果在阳台、厨房安装散热器，与散热器连接的水平支管的固定就比较困难，因为阳台和厨房的窗下墙一般是用厚度为 60 mm 的预制钢筋混凝土栏板焊接成的，托钩或托卡不易锚固。

此时，可用图 4—71 所示的托架来支托水平支管，达到固定的目的。

散热器安装时，正丝扣方向应置于进水方向。散热器安装后，再安装连接散热器的支管，使散热器与管道形成一个整体，如图 4—72 所示为热水采暖同侧连接的两组散热器。支管连接时，应注意有 0.01 的坡度，坡向水流方向。

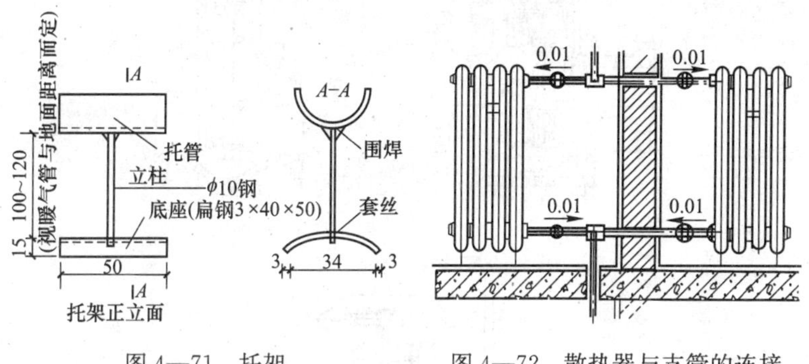

图 4—71　托架　　图 4—72　散热器与支管的连接

模块八　减压阀、安全阀、疏水器的安装

在某些给水、消防、采暖管道中，为了各自不同的目的和用途，需要安装减压阀、安全阀或疏水器。它们的共同特征就是在安装完毕做一次调试后，阀门便可以按要求自行工作，而无须经常开启或关闭。下面分别介绍减压阀、安全阀和疏水器的构造和安装要求。

一、减压阀及其安装

1. 减压阀的类型

减压阀主要是靠膜片、弹簧、活塞等敏感元件改变阀瓣与阀座的间隙，把进口介质压力减至需要的出口介质压力，并依靠介质本身的能量，使出口压力自动保持恒定。常用的减压阀有活塞式、波纹管式、薄膜式及弹簧薄膜式等类型。各种减压阀如图 4—73所示。

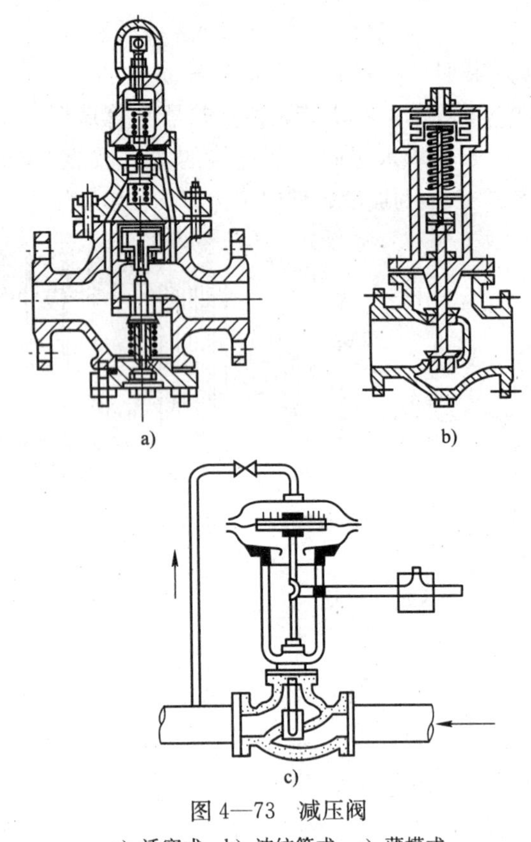

图 4—73　减压阀

a）活塞式　b）波纹管式　c）薄模式

活塞式减压阀宜用于温度、压力较高的蒸汽管道；波纹管式减压阀宜用于蒸汽和空气等清洁介质的管道上，不能用于液体的减压，更不能含有固体颗粒，因此，宜在减压阀前加装过滤器；薄膜式及弹簧薄膜式减压阀宜用于压力不大且温度较低的水和空气介质管道。

2. 减压阀的安装

安装减压阀应选择好位置，设置在振动小、周围有足够空间的地方，便于日后管理和维修。安装时，阀体应垂直安装在水平管路上，要注意阀体的箭头方向，不能颠倒。减压阀前后均应安装法兰截止阀。一般减压后的管径应与减压前的公称直径相同，也可扩大口径；减压后的管径可以比减压阀的公称直径大 1～2 级。阀组的前后都应安装压力表，以便调节压力。减压后的低压管上应安装安全阀，当超压时，能起到泄压报警作用，保证压力稳定，安全阀的排气管应接至室外。对安装在不间断供应介质管道上的减压阀应装设旁通管，以便维修时不中断供应介质。

减压阀阀组的安装形式如图 4—74 所示。

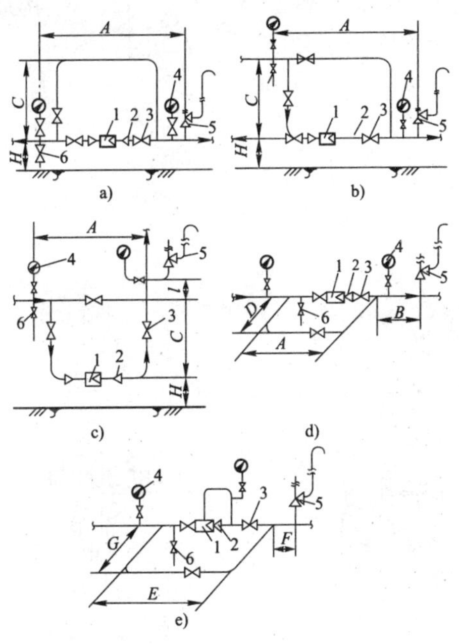

图 4—74　减压阀阀组的安装形式

a)、b)、c) 垂直安装　d)、e) 水平安装

1—减压阀　2—大小头　3—截止阀　4—压力表

5—安全阀　6—泄水管

阀组的安装高度有两种：一种是沿墙设置在离地面适当高度处，以便于操作、维修；另一种是安装在架空管道上，但必须设置永久性操作台。用汽量较小的小型采暖系统，可以采用由两个截止阀组成的减压装置减压，这种装置中的两个截止阀，一个起

减压作用，一个起关闭作用。

二、安全阀及其安装

安全阀是一种常用于锅炉、压力容器等有压设备和管道上的自动泄压装置，可以对管道、设备起安全保护作用。当设备和管道中的介质压力超过规定数值时，安全阀会自动开启（发出响声）以降低过高的介质压力，使设备和管道不致因超压而遭受破坏或造成爆炸等恶性事故；当压力恢复到规定数值时则自动关闭，以保证设备和管道正常运行。安全阀按不同构造可分为杠杆式安全阀、弹簧式安全阀和脉冲式安全阀，如图 4—75 所示。

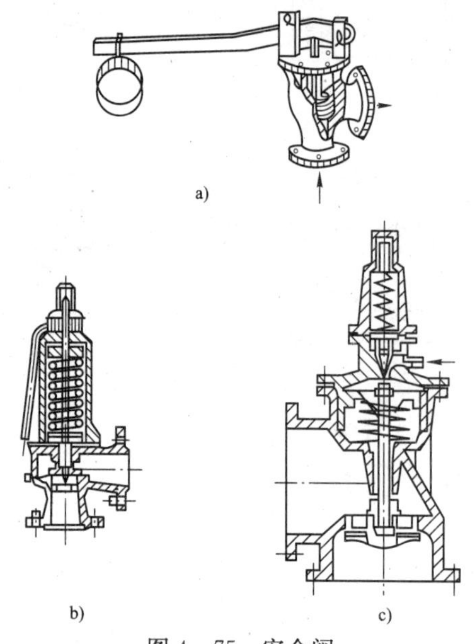

图 4—75　安全阀

a）杠杆式安全阀　b）弹簧式安全阀　c）脉冲式安全阀

1. 杠杆式安全阀

主要用于水、蒸汽等工作介质。铸铁制杠杆式安全阀适用于公称压力 $PN \leqslant 1.6$ MPa、介质温度 $t \leqslant 200$℃的工作条件下。碳钢制杠杆式安全阀适用于公称压力 $PN \leqslant 4.0$ MPa、介质温度$t \leqslant$

450℃的工作条件下。其工作压力的调整是靠移动重锤位置或改变重锤质量来实现的。定压时，首先拧松重锤上的定位螺钉，然后缓慢地移动重锤，直移到安全阀出口自动排放介质为止，即作为初步定压。定压之后需当即试验其准确性，可用大拇指轻轻地抬一下杠杆端，如立即有大量介质冒出来，即认为定压合格。定压后的安全阀，应将重锤上的定位螺钉拧紧，防止重锤在杠杆上移动。

2. 弹簧式安全阀

弹簧式安全阀构造简单，操作方便，应用较广泛。它有封闭式和不封闭式两种类型，封闭式一般适用于易燃、易爆或有毒介质；不封闭式可用于蒸汽或惰性气体。弹簧式安全阀还分为带扳手和不带扳手两种形式，扳手的作用主要是检查阀盘的灵活程度，有时也可用于手动紧急泄压。弹簧式安全阀是依靠调节弹簧的压缩量来调整压力。调节时，可用调整螺母来改变弹簧对阀盘的压力，使阀盘在指定的工作压力下能自动开启。定压时，首先拆下安全阀顶盖和扳手，然后拧动调整螺母。当调整螺母被拧到规定的开启压力时，安全阀便自动放出介质，再稍微拧紧，即初步完成定压。定压后要试验其准确性，即稍微拉一下扳手，如立即有大量介质冒出来，即认定定压合格。定压后的安全阀要打上铅封，严禁乱动。

3. 脉冲式安全阀

脉冲式安全阀由主阀和辅助阀组成。当压力超过允许值时，辅助阀先行起动，然后促使主阀动作。脉冲式安全阀主要用于高压和大口径的管道和设备。

安全阀安装的注意事项：

（1）安全阀应垂直安装在设备或管道上，布置时应考虑到便于检查和维修。设备容器上的安全阀应装在设备容器的开口上或尽可能装在接近设备容器出口的管段上，但要注意不得装在小于安全阀入口直径的管路上。

（2）安全阀安装方向应使介质由阀瓣的下面向上流动。重要的设备和管道应该安装两个安全阀。

（3）安全阀入口管线最小直径应等于安全阀的入口直径，安全阀出口管线直径不得小于安全阀的出口直径。

（4）安全阀的出口管道应向放空方向倾斜，以排除余液，否则应设置排液管。排液阀平时关闭，定期排放。在可能发生冻结的场合，排液管道要用蒸汽伴热。

（5）安装安全阀时也可以根据生产需要，按安全阀的进口公称直径设置一个旁路阀，供手动放空用。

（6）在设备或管道投入运行前，对安全阀要及时调整校正，开启和回座压力应符合设计要求，如设计无规定时，其开启压力为工作压力的1.05～1.15倍，回座压力应大于工作压力的0.9倍。调压时，压力要稳定，每个安全阀的启闭试验不应少于3次。安全阀经调整后，在工作压力下不得有泄漏，否则将失去保险作用。

三、疏水器及其安装

疏水器又叫阻汽排水阀或回水盒，是一种自动调节阀门，主要用来自动排放蒸汽管道中的凝结水并阻止蒸汽泄漏，以保证系统正常运行和达到节约能源的目的。疏水器种类很多，常用的有浮桶式疏水器、热动力式疏水器和恒温式疏水器。

1. 浮桶式疏水器

浮桶式疏水器可分为正向浮桶式和倒吊桶式两种，它们都是利用浮桶在水中的物理性能来控制阀孔的启闭，以实现自动排水和阻汽作用的，如图4—76所示。

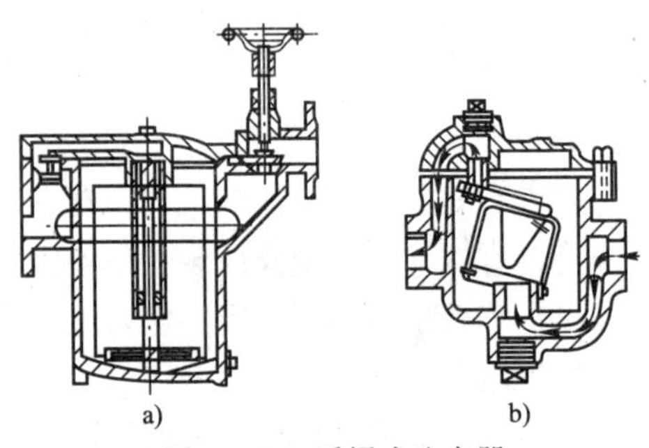

图4—76　浮桶式疏水器

a）正向浮桶式疏水器　b）倒吊桶式疏水器

当管路或设备中的凝结水和少量蒸汽流入疏水器内，疏水器体内的凝结水液面升到一定的高度，就会溢入浮桶，当浮桶内的凝结水积存到一定数量后，因重力超过浮力则浮桶下沉，浮桶下沉连带排水阀杆下降，使排水阀开启，这时浮桶内的凝结水便由套管经排水阀排出疏水器。当浮桶重力小于浮力时，浮桶又浮起，并带动排水阀杆上升，使排水阀关闭，停止排水，疏水器就按照这样的过程重复进行工作。常用正向浮桶式疏水器最高介质温度为200℃，内螺纹倒吊桶式疏水器最高工作压力为1.6 MPa，最高工作温度为170℃。

2. 热动力式疏水器

这种疏水器的工作原理是当蒸汽和凝结水进入疏水器时，由于压力变化促使阀片上升或下降，使疏水器起阻汽排水作用。热动力式疏水器体积小，排水量大，是一种新型疏水器，如图4—77所示。

3. 恒温式疏水器

恒温式疏水器又称波纹管式疏水器，它是根据蒸汽与凝结水的温度差而设计的。其作用原理是用黄铜片制的波纹管内储存易挥发的液体（如酒精等），当管道和阀体积存凝结水时，温度下降，波纹管收缩使阀芯上升而阀门开启，凝结水排出。当蒸汽进入阀体时，温度急剧升高，波纹管膨胀使阀芯下降而阀门关闭，如图4—78所示。波纹管式疏水器常用于低压蒸汽管道。

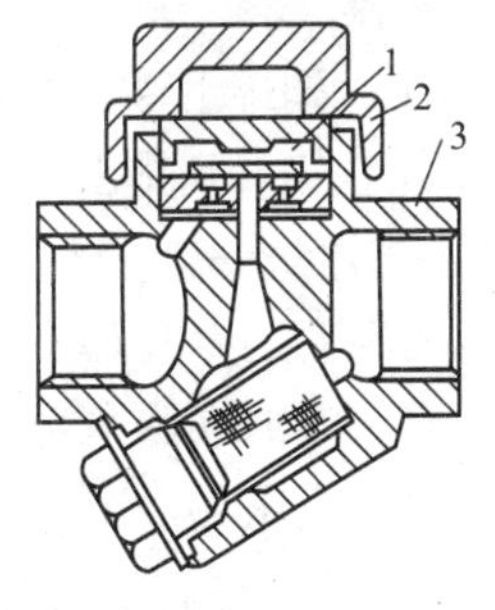

图4—77　热动力式疏水器

1—阀片　2—阀盖　3—阀体

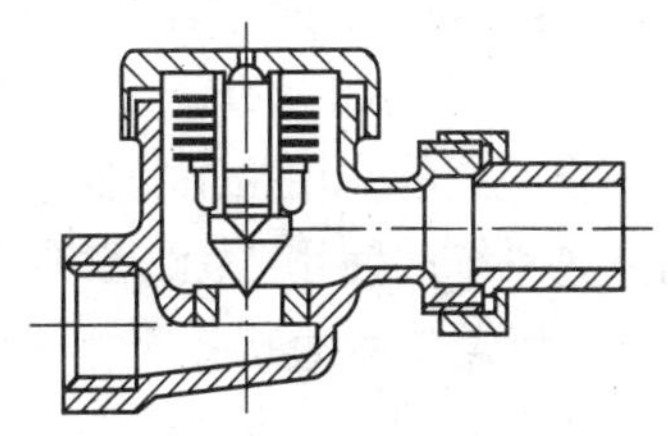

图4—78　波纹管式疏水器

疏水器应安装在便于检修的地方，并尽可能靠近用热设备或管道及凝结水排出器之下。阀体的垂直中心线应竖直，不可倾斜，以利于阻汽排水，并使介质的流动方向与阀体上的箭头方向保持一致。疏水器阀组组装时，应注意保证旁通管、冲洗管、检查管、止回阀和过滤器等的位置，并装设必要的法兰或活接头，以便于检修时拆卸，如图 4—79 所示。

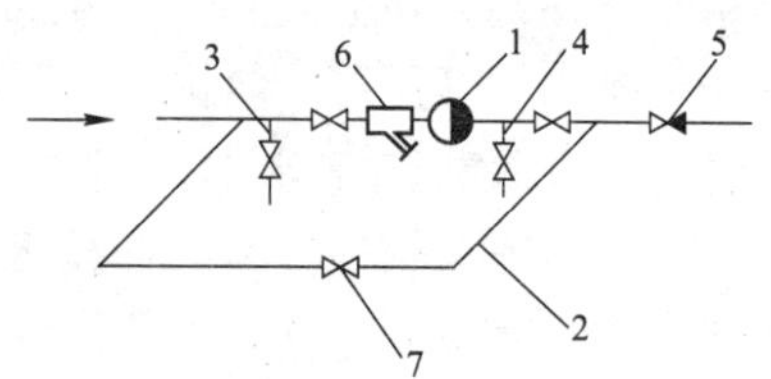

图 4—79　疏水器安装示意图

1—疏水器　2—旁通管　3—冲洗管

4—检查管　5—止回阀

6—过滤器　7—截止阀

旁通管的作用主要是在管路开始运行时排放系统内的凝结水。管路运行中和检修疏水器时，用旁通管排放凝结水是不适宜的，因为这样会使蒸汽窜入回水系统（凝结水排至下水沟的除外），从而影响其他用热设备和管网回水压力的平衡。如果不论疏水器的大小，不分系统和用途，在安装疏水器时一律设置旁通管，实践证明，这样利少弊多。所以，一般在中、小型采暖、用热设备及蒸汽管道疏水器中，可以不装旁通管，对于必须连续生产及对加热温度有严格要求的生产用热设备，可以安装旁通管。

冲洗管的作用是冲洗管路。如疏水器本身已经装有疏水管，则不必再安装冲洗管。冲洗管也可朝上安装。

检查管的作用是检查疏水器的工作情况。如排出管直接接至明沟，并且排出口到疏水器的距离又很短，能直接看到排出口的排水情况，就可以不装检查管。冲洗管和检查管排出的水都应排至排水沟。

止回阀的作用是防止回水管网窜入蒸汽后压力升高，甚至超过供热系统的使用压力，致使汽、液倒流。如疏水器本身不带止回阀，除凝结水直接排至排水沟或单独流至无压集水箱的情况之外，在余压回水和提升回水系统中，都应在检查管后安装止回阀。疏水器阀组既可安装在集水管上，也可安装在低于或高于设备的管道上。在这三种形式的组装过程中，又可分为带旁通或不带旁通，水平安装或垂直安装，还可以把疏水器并联起来安装，以增加疏水量，但是，切忌把疏水器串联起来安装。疏水器的安装形式如图 4—80 所示。

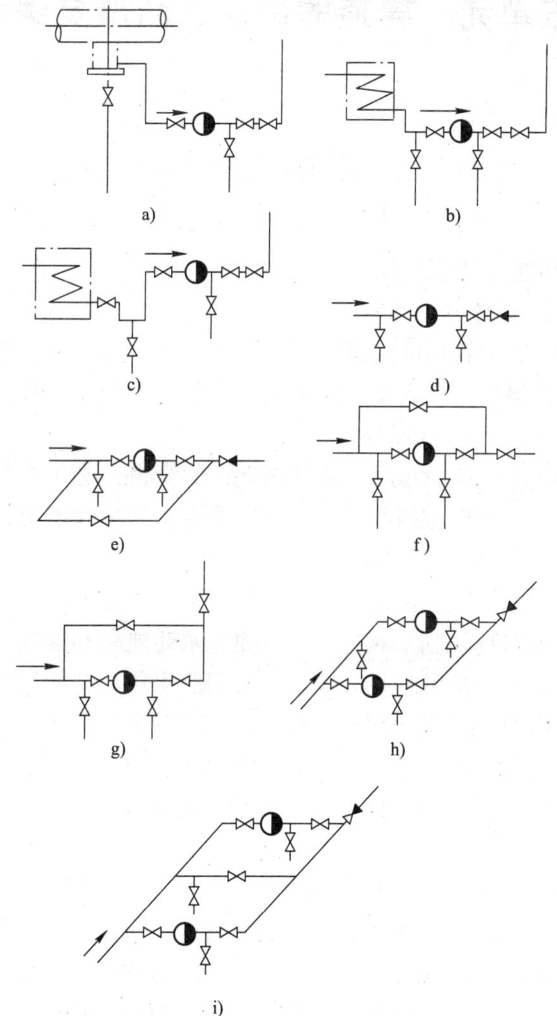

图 4—80　疏水器的安装形式

a）与集水管连接　b）安装在设备之下　c）安装在设备之上　d）不带旁通水平安装　e）带旁通水平安装　f）、g）带旁通垂直安装　h）、i）并联安装

第五单元　管道的试压、防腐及保温

模块一　管道的试压与防腐

一、管道的水压试验

1. UPVC 给水管的水压试验

暗装、嵌装管道的隐蔽工程在封闭之前，必须进行严格的水压测试，合格后方可封堵。试验压力一般为系统工作压力的 1.5 倍，但不得小于 0.6 MPa。

（1）试压前注意事项。胶粘剂连接的管道，必须在粘接24 h 后方可试压；弹性密封圈连接的埋地管道，须填砂填土，埋设后方可试压。

（2）试压步骤。用往复泵缓慢地向管道中充水，充水时管线上所有用水器具的制水阀打开，以便充水时能顺利排气，当阀门中有水涌出时，从低处往高处逐个关闭制水阀。开始试压，缓慢升压，升压时间不得小于 10 min，其间应多次打开阀门排气，当升至规定压力后，恒定 1 h，观察接头处有无漏水，1 h 后，重新补压至试验压力，15 min 内压力下降值不超过 0.05 MPa 为合格。

2. PE-X 给水管的水压试验

施工完毕的管道系统，应进行严格的水压试验和通水能力试验。冬季进行水压试验时，应采取可靠的防冻措施。

（1）管道系统水压试验规定。试验压力应为管道系统工作压力的 1.5 倍，但不得低于0.6 MPa。水压试验时应对试压管道采取安全有效的固定保护措施，但供试压用的接头部位应明露。水压试验合格并做好记录后方可按土建工序施工。

（2）水压试验步骤

1）将试压管段各配水点封堵，缓慢注水，注水过程中同时将管内气体排出。

2）管道系统充满水后，进行水密性检查。

3）对系统加压，加压时宜采用手动泵缓慢加压，升压时间不得小于 10 min。

4）升压至规定压力后，停止加压，稳压 1 h，观察各接头部位是否有漏水现象。

5）稳压 1 h 后，再补压至规定压力，15 min 内的压力下降不超过 0.05 MPa 为合格。

6）管道系统试压后，发现渗漏或压力下降超过规定值时，应检查管路系统，及时排除故障，然后再按以上程序重新试压，直到合格为止。

3. PP-R 给水管的水压试验

（1）冷水管试验压力应为管道系统工作压力的 1.5 倍，但不得小于 1.0 MPa。

（2）热水管试验压力应为管道系统工作压力的 2.0 倍，但不得小于 1.5 MPa。

（3）管道水压试验应符合下列规定

1）热熔连接管道，水压试验时间应在连接 24 h 后进行。

2）水压试验前，管道应固定，接头需明露。

3）管道注满水后，先排出管道内空气，再进行水密性检查。

4）加压宜采用手动泵，升压时间不小于 10 min，测定仪器的压力精度应为 0.01 MPa。

5）加压至规定试验压力后稳压 1 h，测试压力下降不得超过 0.06 MPa。

6）在 1.15 倍工作压力的状态下，稳压 2 h，压力下降不得超过 0.03 MPa，同时检查各连接处不得渗漏。

（4）直埋在地坪面层和墙体内的管道，试压工作必须在面层浇捣或封堵前进行，达到试压要求后，土建方能继续施工。

4. 钢管的水压试验

水压试验试验压力可以采用工作压力的1.5倍，但不小于0.6 MPa，且不大于1.0 MPa。试验时，先打开管道各高处的排气阀，用手摇试压泵或电动试压泵加压，向管内灌水，压力应逐渐升高，加压到一定数值时，应停下来对管道进行检查，无问题时再继续加压，一般分2～3次升至试验压力。当压力达到试验压力时，停止加压，保持5 min，压力降不超过0.02 MPa，并未发生异常现象，即认为强度试验合格，然后把压力降至工作压力进行严密性试验，严密性试验一般需维持压力24 h，且压力降不超过0.05 MPa，为合格。

5. 铸铁给水管水压试验

承受内压的埋地铸铁管道的试验压力：当设计压力小于或等于0.5 MPa时，应为设计压力的2倍，当设计压力大于0.5 MPa时，应为设计压力加0.5 MPa。

对承受外压的管道，其试验压力应为设计内外压力差的1.5倍，且不得低于0.2 MPa。

水压试验的操作程序：

(1) 灌水。打开系统最高处的排气阀，向系统灌水，排气阀溢流时关闭。

(2) 升压。用手动试压泵或电动试压泵加压，加压分阶段进行，第一次先加到试验压力的1/2，对系统进行一次检查，无异常时再继续升压，升到压力的3/4时，再进行一次检查，无异常时再继续升压到试验压力。

(3) 稳压。升到试验压力后，稳压10 min，再将试验压力降至设计压力，停压30 min，以压力不下降、无渗漏为合格。

当试验过程中发生泄漏时，不得带压处理。消除缺陷后，应重新进行试压。

二、管道的防腐

管道防腐是管道安装施工过程中的一道重要工序。防腐的作用是防止金属管道及设备锈蚀，延长使用寿命。

1. 操作工艺顺序

管道及设备安装就位→材料、机具准备→表面除锈→喷刷油漆→成品保护→质量检查。

（1）材料、机具的准备

1）材料。管道的防腐材料主要是油漆，对于埋地管道常用沥青防腐。沥青材料主要有建筑石油沥青 30、10 号和普通石油沥青 75、65、55 号。油漆调配时还要有溶剂和稀释剂，即汽油、松节油、苯、甲苯、二甲苯、丙酮、乙醇、丁醇、醋酸乙酯、醋酸丁酯等。在埋地金属管道防腐中，还应有汽油、煤油或柴油；填料类材料，如橡胶粉、高岭土、5～6 级石棉、滑石粉、石灰石粉；内包扎层材料、外保护层材料：玻璃丝布、石棉油毡、麻袋布、矿棉纸、牛皮纸、塑料布；燃料；如煤等。

2）机具。管道与设备防腐应配备油刷、小油桶、搅拌工具、抹布、人字梯、空气压缩机、喷枪、钢丝刷、手套、口罩、眼镜、泡沫灭火器、干砂、防火铁锹等。

埋地管道防腐还应增加抹布、钢针、刮板、沥青锅、油毡、温度计等。

（2）表面除锈。在金属表面总是附有许多杂物，如灰尘、锈迹等。这些杂物会影响油漆与金属的结合，降低防腐能力，故必须去除。除锈方法有人工除锈和喷砂除锈。

1）人工除锈。一般用钢丝刷、砂布、废砂轮片等，摩擦管道外表而除锈。

对钢管内表面除锈，可用圆形钢丝刷绑绳后拉擦。除锈应彻底，以露出金属光泽为合格，再用干净废棉纱或抹布擦净或用压缩空气吹洗。

2）喷砂除锈。采用 0.4～0.6 MPa 压缩空气，将粒度为

0.5～2.0 mm 的砂子喷射到金属表面以除锈。此法除锈率高，故广泛应用。

此外，还有机械除锈法，是指将管子装在带有轨道的机架上，用外圆除锈机和软轴内圆除锈机除掉管道内、外壁的锈垢，或用手提式除锈机进行除锈。

（3）喷刷油漆。首先应调配好油漆，即在原装油漆中加入适当稀释剂，并搅拌均匀，以不流淌、不出刷纹为宜。油漆喷刷方法有两种：手工涂刷和压缩空气喷涂。

1）手工涂刷。手工涂刷用油刷、小桶进行。油刷沾油漆要适量，避免弄到桶外。涂刷时应自上而下，从左至右，先里后外，先斜后直，先难后易，纵横交错进行。要求厚薄一致、均匀，无漏刷，多遍涂刷时，在上一遍涂膜干燥后，才可刷第二遍。

2）压缩空气喷涂。采用压缩空气喷涂时，喷枪油罐装满油漆后，起动空气压缩机，扣动扳机，以适当速度移动喷嘴，调节与被涂物件的距离。喷枪所用空气压力一般为 0.2～0.4 MPa。压缩空气喷涂的漆膜较薄，多遍喷涂要掌握厚度，须在上一遍漆膜干燥后再喷下一遍。

2. 埋地钢管防腐施工

（1）埋地钢管防腐层，可分为三种类别：普通防腐层、加强防腐层和特加强防腐层。普通防腐层适用于含水量、含盐量较小、腐蚀性轻微的土壤；加强防腐层适用于腐蚀性较强的土壤；特加强防腐层适用于腐蚀性极强的土壤。

（2）沥青底漆配制。沥青底漆和沥青涂层使用同一种沥青，它与汽油等溶剂按 1∶2～3 的体积比（或质量比为 1∶2～2.5）配制而成。制备时，应先将沥青在锅内加热熔化并升温至 160～180℃脱水，再冷却到 70～80℃后，按比例将沥青倒入盛有汽油的容器中，并搅拌均匀，严禁将汽油倒入沥青中。

（3）防腐操作。首先是在待除锈管道上手刷 1～2 遍沥青底漆，厚为 1～1.5 mm，不得有麻点和漏涂，待干燥后进行下道工序，涂刷沥青涂料，每层厚为1.5～2 mm。再按设计要求包扎中间层，中间层可采用玻璃丝布、石棉油毡、麻袋布等材料，施工时最好选用宽度为300～500 mm的卷装材料，作螺旋状包缠，圈与圈之间的接头搭接长度为30～50 mm，并用沥青黏合，任何部位不得形成气泡和折皱。最后，做保护层，常用塑料布或玻璃丝布包缠而成，方法同中间层，圈与圈之间搭接长度为10～20 mm，并粘牢。质量要求为表面光滑，厚度均匀，无漏涂、过薄、过厚现象。防腐层厚度为：普通防腐层厚度不小于3 mm，允许偏差－0.3 mm；加强防腐层厚度不小于6 mm，允许偏差－0.5 mm；特加强防腐层厚度不小于9 mm，允许偏差－0.5 mm，采用钢针刺入检查。

模块二　管道的保温

一、常用保温材料

用作高温管道保温材料的有石棉、矿渣棉、玻璃棉、膨胀珍珠岩、泡沫混凝土、石棉硅藻土、蛭石等；用作低温管道保温材料的有软木、泡沫塑料等。常用保温材料性能见表5—1。

表5—1　　常用保温材料性能

材料名称	容重（kg/m^3）	导热系数 [kcal/(m·h·℃)]	使用温度（℃）
岩棉制件	80～100	0.04	−268～700
超细玻璃棉制件	40～60	$0.026+0.0002t_p$	≤400
玻璃纤维制件	130～160	$0.035+0.00015t_p$	≤350
矿渣棉制件	150～200	$0.043+0.00017t_p$	≤350
硬聚氨酯泡沫塑料	<45	≤0.04	−150～120
聚苯乙烯泡沫塑料	24	$0.029+0.00012t_p$	−60～70

续表

材料名称	容重（kg/m³）	导热系数 [kcal/(m·h·℃)]	使用温度（℃）
软木制件	200～250	0.06	−40～60
水泥珍珠岩制件	350	$0.05+0.000\ 22t_p$	≤650
水泥蛭石制件	≤500	$0.08+0.000\ 21t_p$	≤800
泡沫混凝土制件	≤500	$0.109+0.000\ 26t_p$	≤300
硅藻土制件	≤450	$0.09+0.000\ 18t_p$	≤800
石棉硅藻土胶泥	≤660	$0.13+0.000\ 12t_p$	≤800

二、保温层结构分类

1. 胶泥材料保温

胶泥材料保温是采用将石棉粉、硅藻土等散状材料按一定比例用水调成胶泥状，再涂抹到已刷过油漆的管道或设备上，其结构如图5—1所示。

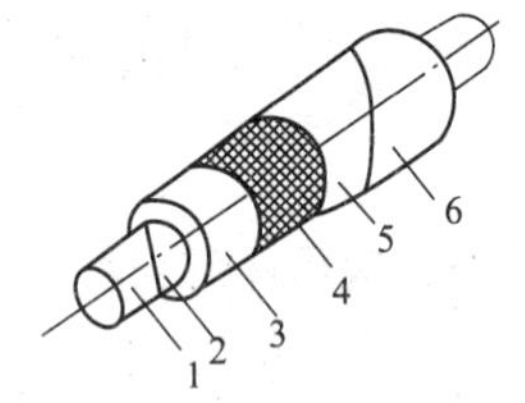

图5—1　胶泥保温结构

1—管道　2—防锈漆　3—保温层　4—铁丝网　5—保护层　6—防腐层

管径≤40 mm时，保温厚度较薄，可一次抹好；管径＞40 mm时，可分几次抹，第一层用较稀胶泥散敷，厚为2～5 mm，干后抹第二层，厚为10～15 mm，以后每层厚均为15～25 mm，注意在前一层干燥后再抹下一层。

此法要求施工环境温度不得低于0℃，为加速干燥，可在管内通入热介质，但温度应控制在80～150℃。

此法适用于热水管或热力设备保温。

2. 棉毡绑扎保温

棉毡绑扎保温也称缠包保温法，是将软质矿渣棉或玻璃棉毡等材料裁成适当条块（200～300 mm），以螺旋状缠包在管道上，其结构如图5—2所示。

施工时，应将棉毡压紧，即边缠、边压、边抽紧。若一层厚度达不到设计要求，可缠包两层或三层。多层缠包，应注意两层接缝应错开，接缝应紧密，两层应仔细压紧，表面处理应平整，封严。保温层外径不大于 500 mm 时，保温层外面用直径为 1.0～1.2 mm 的镀锌铁丝扎紧，间距为 150～200 mm；当保温层外径大于 500 mm 时，应用镀锌铁丝网缠包，再用镀锌铁丝绑扎牢固。

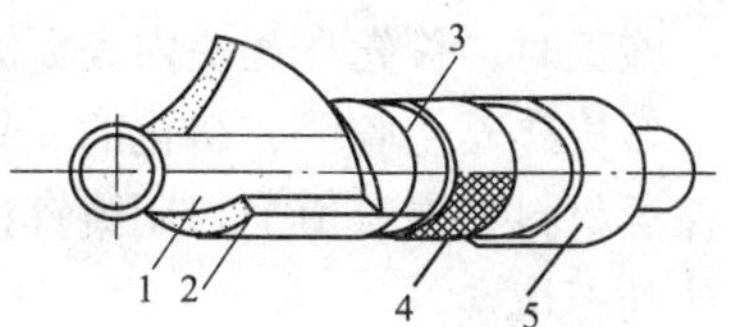

图 5—2 棉毡绑扎保温结构

1—管道 2—保温毡 3—镀锌铁丝

4—镀锌铁丝网 5—保护层

3. 套管式保温

套管式保温就是将保温材料加工成保温管壳直接套在管子上，如图 5—3 所示。施工时，将保温管沿轴向切开，套在管道上，在保温管的轴向和横向接缝处，用带胶铝箔黏合即可。套管式保温施工简单，工效高，材料浪费少。

4. 预制瓦块式保温

预制瓦块式保温是将保温材料制成瓦块状，如泡沫混凝土瓦、石棉硅藻土瓦等，其结构如图 5—4 所示。

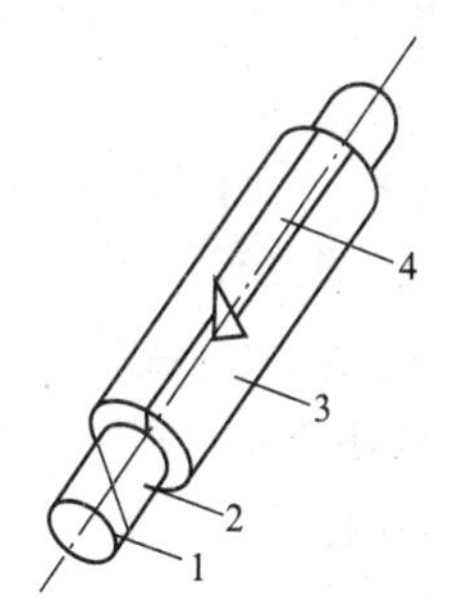

图 5—3 套管式保温

1—管道 2—防锈漆 3—保温管壳

4—胶带

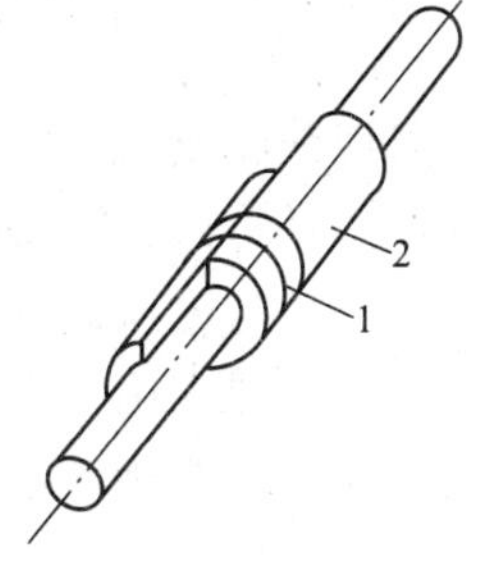

图 5—4 预制瓦块保温

1—镀锌铁丝 2—瓦块

施工时，首先在瓦块内表面涂抹填料，常用填料有硅藻土胶泥、石棉硅藻土胶泥、熔化的3号沥青等。然后，将两半圆形瓦块保温材料扣在管道上，用镀锌铁丝绑牢。瓦块之间的缝隙用胶泥或沥青填实。

三、保护层

在保温层外表面应做保护层，常用的保护层有石棉水泥保护层、沥青胶泥保护层、缠裹材料保护层、金属保护层。

1. 石棉水泥保护层

石棉水泥按下列质量比在现场调配：500号水泥36%、五级石棉绒12%、膨胀珍珠岩粉34%、碳酸钙18%，加水后容重为700 kg/m^3。涂抹时必须有部分材料透过铁丝网与内层接触，表面抹光，无铁丝网露头，涂抹厚度约15 mm。

2. 沥青胶泥保护层

常用于冷水管道保温结构。用30号建筑石油沥青和七级石棉绒，按1∶1～1∶1.5质量比配制。

3. 缠裹材料保护层

室内管道常采用玻璃丝布、棉布、麻布等缠裹材料作为保护层。施工时将布裁成200～300 mm宽，按螺旋方式缠在保温层上，要求缠紧，搭接宽度为50 mm以上，并每隔3 m用镀锌铁丝扎紧，外表面应刷油漆或沥青。

4. 金属保护层

可采用铁皮或铝皮作保护层，主要是提高保护层的机械强度和美观性，且防火。施工时，应注意压边、箍紧，不能脱壳或不平，制作方法与通风管制作类似，其环缝、纵缝应咬口，缝口应朝下，若金属层间用自攻螺钉紧固时，不得刺破防潮层。金属保护层常用于高级饭店、会议中心等建筑物内。

第六单元　安全生产与文明施工

“安全生产，文明施工”是建筑行业的职业道德准则之一。我国于1997年颁布的《中华人民共和国建筑法》中第三十六条规定“建筑工程安全生产管理必须坚持安全第一、预防为主的方针，建立健全安全生产的责任制度和群防群治制度。”为此，从业人员必须掌握安全生产与文明施工的基本知识，自觉遵守各项法令、法规和规章制度。

模块一　安全常识

一、安全施工基本要求

1. 进入施工现场，禁止穿背心、短裤、拖鞋，必须戴好安全帽，穿胶底鞋或绝缘鞋。

2. 现场操作前，必须检查施工地点安全防护设施是否完好，是否满足安全生产要求。

3. 高空作业时，不准向下或向上乱抛材料、工具等物品，架子上或高梯上的材料、工具等物品应注意防止落下伤人，在地面上堆放管材应注意防止滚动伤人。应对材料堆放等施工地点经常进行清理，排除安全隐患。

4. 在交叉作业时，应特别注意安全。

5. 施工现场应在规定地点进行用火操作，应设专人看管火源并配置消防器材。

6. 各类电动机械设备，必须有安全防护装置，才可启动使用。未经培训合格的人员严禁使用。应对机械设备状况经常检查。

7. 吊装区域非操作人员严禁入内，吊装设备必须完好，吊臂下、吊物下严禁站人。

8. 夜间施工及暗沟、槽、井内操作时，应有足够的照明设施和通气孔口。行灯照明应有防护罩，所用电源为36 V以下的安全电压；金属容器内的行灯照明，电压应为12 V。

9. 沟槽开挖，应按土质、深度确定沟壁坡度或支撑，切不可大意。

二、特殊情况易于发生安全事故的特点

1. 雷电及下雨时，施工现场易发生淹溺、坍塌、撞击、坠落、触电等；在酷热天气，露天作业常发生中暑现象，室内或金属槽罐内作业，易造成昏晕和休克。

2. 工程事故发生频繁大多是在竣工收尾阶段；高空和深坑作业，易发生坠落、坍塌事故；夜间作业，后半夜比前半夜更易发生事故。

3. 节假日、探亲假前后，工人思想波动大，易放松警惕，易于发生事故；一般工程和修补工程的事故发生率较高，原因为大意。

4. 新工人安全技术知识不足，劲头大，好奇心强，易于忽视安全生产，易于造成事故。

三、生产工人责任

“安全生产，人人有责”，加强责任制，把安全生产落到实处。

1. 认真学习并严格执行安全技术操作规程，自觉遵守安全生产规章制度。

2. 积极参加安全活动，认真执行安全交底规定，不违章作业，服从安全人员指导。

3. 发扬团结友爱精神，在安全生产方面做到互相提醒、互相监督。对新工人要积极传授安全生产知识。维护一切安全设施和防护用具，做到正确使用，不准拆改。

4. 对不安全作业要敢于提出意见，并有权拒绝违章指令。

5. 发生伤亡和未遂事故，要保护现场并立即上报。

四、班组长责任

班组长要模范遵守安全生产制度，领导本班组安全作业。

1. 安排生产任务时要认真执行安全交底规定，严格执行本工种安全操作规程，有权拒绝违章指挥。

2. 班前要对所有使用的机具、设备、防护用具及作业环境进行安全检查，发现问题立即采取改进措施，及时消除事故隐患。

3. 组织班组开展安全活动，开好班前安全生产会，做好收工前的安全检查工作。

4. 发生工伤事故要立即组织抢救，保护好现场并向施工人员报告。

模块二　管道工程的安全生产

一、室内外管道安装

沟槽开挖、下管安装作业时，应注意沟壁情形，若有坍塌可能，应立即离开，待加固后再作业；沟道两旁不可堆积重物，以防压塌沟壁而造成事故；开挖时如遇地下管线、遇有爆炸物，应通知有关单位或专门人员处理，不可乱动；雨后复工，应检查沟壁情况，必要时应加固。

往沟内运管应上下配合，大口径管子两端必须用麻绳拉住，使管子平稳下降；如用起重设备下管或吊管，必须绑牢，不可大意；若往高处吊管，应听从起重工指挥，以免管子滑落伤人或砸坏其他设施。

搬运钢管时，不准用手握螺纹起动，要用木棒插入管内起动，以免手指受伤；雨后抬管要步步小心，以免滑倒；抬管时，管子不宜离地过高；金属管道堆放高度不得超过 1 m，两边应设立木柱。

凿楼板洞、墙洞时，要戴风镜、手套及安全帽，并注意对面人员及设备；凿平台时，如遇钢筋阻碍，不得自行锯断，必须经土建施工人员同意，或者改变洞位。

锯割管时应戴手套，管子应固定牢，快断管时不可用力过大，以免伤手；在截断铸铁自来水管或污水坑管时，塞管者助手要站在被截管的右边，以防铸铁碎片弹出伤人，整管者应戴防护用具，如手套、口罩、风镜等，操作时通知助手。套螺纹时，若管子过长，另一端必须用木架支牢，以免管子翘起伤人。

配合焊工组对管口时，应戴防护用具，无关人员应离开焊接地点。熔铅时，应远离易燃物地点；灌铅前，管口要干燥，操作者应站在上风处，并戴防护用具，灌铅前可灌入少许机油于承口内，可防止放炮现象发生，发生放炮现象时应停止灌铅。

二、卫生洁具与散热器安装

搬运笨重物品时，必须检查抬杠棒及绳索是否牢固，避免半途折断，发生事故。在 2 m 以上高度作业时，必须使用扶梯或坚固台架，以保证安全。

工具应放在工具袋内，不得任意放置，以防落下伤人。也不得上下抛掷任何材料和工具，以免发生事故。

散热器组对应放在平台上进行，组对完成后要整齐放置，如在松软地面上存放，应垫木板，以防倾斜。

禁止将临时电线绑在管子或金属结构物上，以防止触电。

三、试压与吹洗

散热器试压时，加压后不得用力碰撞，以免崩裂伤人。

管道试压前，应检查管道与支（吊）架的紧固性、盲板的牢固性。

试压应按规定进行，不得任意增压或减压。

压力较高时，应划定危险区，并安排人员负责警戒，禁止无关人员进入。在试压过程中，不得随意开启阀门。在冬季，水压试验完毕后，注意放水，以防管子、设备冻裂。

吹扫管道的排气应接至室外安全地点。采用氧气等气体吹扫时，排气口必须远离火源。

四、锅炉、水箱安装

搬运水箱、锅炉设备时，非操作人员不得进入操作区。吊运时，应事先检查锚桩、拉绳、倒链等，防止超载。操作时应注意绳子拉力，防止拉断，应有专业起重工负责指挥。

高空作业时，应系好安全带。

水箱、锅炉内作业时，出、入口应设专人监护。

电气机具要有良好绝缘，接地或接零可靠，焊接零线不可随意搭接在锅炉或管网上。

锅炉在试火时，应校正压力表，若压力表失灵，不能试火，以免事故发生。

五、乙炔瓶的使用、运输和储存

乙炔瓶在搬运、储存和使用过程中，因受振动、填料下沉、直接受热，或使用不当、操作失误等，会发生爆炸事故，因而要注意采取必要的措施。

在使用时，严禁敲击、碰撞；宜立放，不要卧置，放置15 min以后，才可开启瓶阀，瓶阀开启度以3/4转为宜，不要超过1.5转；不宜暴晒，不得靠近热源和电气设备，与明火应相距10 m以上；若瓶阀冻结，严禁火烤，必要时可用40℃以下温水解冻；严禁放在通风不良、有放射性射线的场所，且不宜置于橡胶等绝缘体上，并应尽量避免与氧气瓶放在一起；使用时应固定，局部温度不要超过40℃，并防止倾倒，严禁卧置使用；严禁铜、银、汞等与乙炔接触，瓶内气体严禁用尽，必须保留一定的剩余压力，环境温度25～40℃时，剩余压力为0.3 MPa；使用压力不得超过0.15 MPa，输气流速应小于2 m^3/(h·瓶)，必须设置专用减压器、回火防止器；操作者应站在瓶口的侧后方开启瓶阀，动作要轻缓。

搬运乙炔瓶时，应轻装轻卸，严禁抛、滑、滚、碰；吊装、搬运时，应使用专用夹具和防振运输车，严禁用电磁起重机和链绳吊装搬运；工作地点移动频繁时，宜装在专用小车上；运输时应严格遵守交通部门和公安部门颁布的危险品运输条例及有关规定。

使用乙炔瓶的现场，储存量不得超过5瓶，超过5瓶但不超过20瓶时，应在现场用非燃烧或难燃体隔成独立储存间，且有一面是外墙，并应与明火或散发火花地点相距15 m以上，且不宜设在地下室或半地下室；储存时应保持瓶体直立，应有防倾倒措施；储存间应设专人管理，并有“严禁烟火”等提醒标志，附近应有干粉灭火器（严禁使用四氯化碳灭火器）等消防设施；严禁与氧气瓶、氯气瓶、易燃物品同间储存。

六、氧气瓶、割炬、回火防止器

氧气瓶在使用、搬运时，应防振、防热、防静电火花；气瓶内应留有余气并关紧阀门，保持瓶内正压；超过检验期的气瓶不得使用；瓶阀或减压器冻结时，不得用火烤，只能用热水或蒸汽解冻；瓶阀不得沾有油脂。

割炬点火使用前，应把工件表面清理干净，在水泥地面上应将工件垫高，以防锈皮、水泥爆溅伤人；应进行点火试验，若点火后，火焰突然熄炮，应松开割嘴检查后重装；熄火时应先关氧流再关乙炔流，最后关预热氧流；发生回火应立即关乙炔流，再关预热氧流和切割氧流。

发现回火防止器影响工作时，应及时进行检修或更换。在任何情况下不得擅自拆卸回火防止器，或使水封式回火防止器在无水状态下工作；单个岗位式回火防止器只能供一把焊炬或割炬使用，使用前应排空回火防止器内的空气或氧气与乙炔的混合气；每次使用前应检查回火防止器内水位，水位不可过高或过低，在冬季使用后应将水排净，以防冻结，如被冻结，只可用热水或蒸汽解冻，严禁明火烘烤解冻；若遇阀件堵塞，可用丙酮清洗，并用压缩空气吹干，严禁用其他油质类液体清洗。

七、电动工具和器械

使用手持电动工具时应尽量使用Ⅱ类或Ⅲ类电动工具，当使用Ⅰ类电动工具时，应有安全保护措施，应有可靠的接地装置；

操作时应戴绝缘手套、穿绝缘胶鞋；使用时负荷不能超过电动工具所允许限度，连续使用时间不可过长，避免烧坏电动机；使用时要常检查电源线、插头（开关）等，发现故障应及时修理，否则不得使用；切割机、手电钻等不适宜在有易燃、易爆或腐蚀性气体等的环境中使用。

模块三　文明施工

文明施工是指保持施工场地卫生、整洁，施工组织科学，施工程序合理的一种施工活动。

实现文明施工，应从每个从业人员做起，做到物料堆放整齐，道路畅通，防护安全措施完备，临街设施符合市容要求，珍惜寸管一钉，不浪费原材料；不扰民、不乱倒垃圾脏水，不乱扔废物；夜间施工严格控制噪声，管沟开挖尽量不影响交通等。

具体要求如下：

1. 施工现场应打扫干净，保持卫生，应做到无积水、无恶臭、无垃圾。生活垃圾与建筑垃圾分别定点堆放，严禁混放，并及时清运。

2. 施工现场严禁大小便，施工区、生活区划分明确，现场零散材料及垃圾应及时清理。

3. 宿舍整洁有序，室内外干净，窗明地净，通风良好。

4. 生活区内无污水、无污物，废水不得乱倒乱流。

5. 施工现场厕所应有清扫制度和灭蝇蛆措施，严禁将粪便直接排入下水道或河流沟渠，露天粪池必须加盖。

6. 施工人员严格遵守施工现场的管理制度，严格交接工序和责任，做到活完脚下清、工完场地清，丢落在地面上的零星材料应及时回收使用。热爱本职工作，严格保护成品、半成品，严禁损坏或污染成品，堵塞管道。

7. 施工现场严禁居住家属，严禁居民、小孩在施工现场穿行、玩耍。

总之，在施工过程中，要守纪律、遵规程，不搞野蛮施工，严格按工艺工序要求施工，文明有序地开展工作。同时，由于建筑工人的工作条件、生活条件较差，住的是工棚，吃的是临时食堂，工作地点在露天，又有高空作业等。因此，更要求行文明事、说文明话；讲团结协作，爱护集体荣誉，维护社会治安；学习文化，钻研技术，提高素质，讲究道德，在社会各界中树立建筑者的良好形象。